最新判例でつかむ

固定資産税の実務

税理士
安部和彦 著

清文社

はじめに

　近年、市町村税務担当部署による固定資産税の課税ミスが後を絶たず、「またか」「これでもか」とばかり報道される有様である。最近でも、小規模宅地等の特例が要件を満たしているのに適用されておらず合計数千万円もの過大徴収になっていたケースや、固定資産税滞納により公売にかけられた後に過大徴収が発覚したケース、分譲マンションで数百戸の過大徴収が40年間超行われていたケース等、数多く報道されている。
　しかし、こうした背景から「税金のことだから」と相談されたとしても、高度に専門的・技術的な固定資産税について自信を持って答えられる税理士は、非常に少ないのが現実である。
　相続にあたり土地評価を行ったことをきっかけに、税理士や納税者が固定資産税に疑問を持つ、というのが課税ミス発覚の一つのパターンであるが、最近の度重なる課税ミスの報道を目にした顧客は、毎年課される固定資産税に対して一層厳しい視線を向けるようになってきている。これは税理士にとっても決して「対岸の火事」ではなく、例えば最近では、大規模ビルに関する家屋の固定資産税評価額についてセカンドオピニオンを求める動きも増加しているため、これをきっかけに顧客流出にまで繋がる可能性も考えられるところである。また、税理士が相続税案件を扱う場合、固定資産税評価額を「所与のもの」と捉えがちであるが、固定資産評価基準等、その評価のメカニズムを理解すれば、より付加価値の高い顧客サービスが提供できるものと考えられる。
　不動産業界も同様である。住宅の購入層が固定資産税について一層厳しい目を持つようになるなか、適切に対応できなければ新規顧客を逃がしたり、既存顧客の信用を失ったりしかねない。
　今後も相続・相続税案件は増加していくことは間違いなく、企業からの固定資産税過払い返還の件数も増えていくことが想定される。そのようななか、固定資産税の理解を深めることが何よりも重要であるが、その一助となるのが、これまで蓄積された固定資産税をめぐる裁判例を参照することである。地方税のなかで

も固定資産税について争われた事案は思いのほか多く、ここ数年、重要な最高裁判決がいくつも出されている。そこで、固定資産税に関する重要な裁判例を網羅し、その中身を簡潔にまとめたのが本書である。本書が固定資産税に関心を持つ税理士や公認会計士、不動産取引業者、行政の固定資産税担当部署の方々にとって、固定資産税の更なる理解につながるような役割を果たすことができれば幸いである。

　最後になるが、本書の出版に関し多大なご尽力を頂いた、清文社の折原容子氏に厚く御礼を申し上げたい。

　2017年9月

国際医療福祉大学大学院准教授
税理士　安部　和彦

第1章

1-1 固定資産税の特徴

- 1-1-1 固定資産税とは ── 2
- 1-1-2 地方税源としての固定資産税 ── 4
- 1-1-3 固定資産税の性格 ── 6
- 1-1-4 固定資産税の課税対象 ── 7
- 1-1-5 固定資産税の納税義務者 ── 8
- 1-1-6 台帳課税主義の意義 ── 8
- 1-1-7 登記簿に登記されていない土地及び家屋の納税義務者 ── 10
- 1-1-8 特定の質権者または地上権者の取扱い ── 10
- 1-1-9 固定資産税の課税標準 ── 10
- 1-1-10 固定資産税の税率 ── 11
- 1-1-11 固定資産税の免税点 ── 11
- 1-1-12 固定資産税の税額計算 ── 12
- 1-1-13 固定資産税の賦課徴収のフロー ── 12

1-2 固定資産税の課税対象

- 1-2-1 固定資産税の課税対象 ── 13
- 1-2-2 土地の意義 ── 13
- 1-2-3 家屋の意義 ── 13
- 1-2-4 償却資産の意義 ── 14
- 1-2-5 家屋と償却資産との差異 ── 15

1-3 年の途中で不動産や償却資産の売買があった場合

- 1-3-1 固定資産税の納税義務者 ── 16
- 1-3-2 不動産売買における固定資産税の精算 ── 16
- 1-3-3 固定資産税精算額の譲渡所得課税上の取扱い ── 17
- 1-3-4 償却資産の納税義務者 ── 17
- 1-3-5 償却資産の売買における固定資産税の精算 ── 17
- 1-3-6 未経過償却資産税精算額の取扱い ── 18

1-4 固定資産税の課税方法と免税点

- 1-4-1 二つの租税確定手続 ── 19
- 1-4-2 償却資産税の課税 ── 20
- 1-4-3 固定資産税の免税点 ── 20
- 1-4-4 免税点の判定単位となる同一市町村 ── 21
- 1-4-5 償却資産の評価額の下限 ── 21

1-5 償却資産税とは

- 1-5-1 償却資産税の性格 —— 22
- 1-5-2 市町村税としての償却資産税の重要性 —— 22
- 1-5-3 設備投資に伴う固定資産の減免措置 —— 23
- 1-5-4 償却資産税の今後 —— 24

1-6 固定資産の評価と固定資産評価基準

- 1-6-1 固定資産税の負担感と税率 —— 25
- 1-6-2 固定資産の評価 —— 27
- 1-6-3 固定資産評価員による調査 —— 28
- 1-6-4 固定資産評価基準 —— 29
- 1-6-5 固定資産評価基準の法的意義 —— 29
- 1-6-6 固定資産評価基準の歴史 —— 30
- 1-6-7 固定資産税評価額 —— 31

1-7 土地の評価

- 1-7-1 固定資産税における土地の意義 —— 32
- 1-7-2 マンションの敷地 —— 33
- 1-7-3 宅地の評価 —— 35
- 1-7-4 市街地的形態を形成している地域における宅地の評価 —— 35
- 1-7-5 市街地的形態を形成するに至らない地域における宅地の評価 —— 36
- 1-7-6 住宅用地の意義 —— 36
- 1-7-7 住宅用地の特例措置 —— 37

1-8 家屋の評価

- 1-8-1 固定資産税における家屋の意義 —— 40
- 1-8-2 家屋と償却資産の区分 —— 40
- 1-8-3 建築設備の取扱い —— 41
- 1-8-4 固定資産の価格の登録 —— 42
- 1-8-5 家屋の評価 —— 42
- 1-8-6 固定資産課税台帳の種類 —— 43
- 1-8-7 固定資産課税台帳と固定資産の価格 —— 43
- 1-8-8 納税通知書による価格の把握 —— 44
- 1-8-9 新築住宅に対する減免措置 —— 45

1-9 固定資産税と路線価

- 1-9-1 公的評価の概要 —— 47
- 1-9-2 固定資産税の7割評価 —— 48

- 1-9-3 7割評価の根拠 ──── 49
- 1-9-4 固定資産税の路線価 ──── 49
- 1-9-5 路線価図の閲覧方法 ──── 49
- 1-9-6 固定資産税と相続税の路線価の違い ──── 50
- 1-9-7 固定資産税と相続税の路線価の関係 ──── 52

1-10 償却資産の申告と課税

- 1-10-1 償却資産の意義 ──── 53
- 1-10-2 償却資産に該当しない資産 ──── 53
- 1-10-3 償却資産の申告義務 ──── 54
- 1-10-4 償却資産の申告義務の特例 ──── 55
- 1-10-5 償却資産に係る「事業の用に供する」要件 ──── 56
- 1-10-6 相続により取得した償却資産の申告 ──── 57
- 1-10-7 法人税・所得税の減価償却との差異 ──── 57

1-11 都市計画税とは

- 1-11-1 都市計画税の意義 ──── 59
- 1-11-2 都市計画税の課税客体と税率 ──── 59
- 1-11-3 都市計画税の納税義務者 ──── 60
- 1-11-4 都市計画税の納付時期と方法 ──── 60
- 1-11-5 非課税の範囲 ──── 61
- 1-11-6 都市計画税と固定資産税との比較 ──── 62
- 1-11-7 都市計画税と都市計画 ──── 62

1-12 都市計画税の特例措置

- 1-12-1 都市計画税に係る住宅用地の特例措置 ──── 64
- 1-12-2 固定資産税の軽減措置との比較 ──── 64

1-13 固定資産税の争訟手続

- 1-13-1 固定資産税の争訟手続 ──── 65
- 1-13-2 争訟手続その1：固定資産の価格に不服がある場合 ──── 65
- 1-13-3 審査の申出 ──── 66
- 1-13-4 争訟手続その2：固定資産税の課税内容に不服がある場合 ──── 68

第2章

2-1 申告納税制度ではなく賦課課税制度である

- 2-1-1 申告納税制度と賦課課税制度 ―― 72
- 2-1-2 賦課課税方式と課税ミス ―― 73
- 2-1-3 なぜ賦課課税方式なのか? ―― 74
- 2-1-4 賦課課税方式から転換すべきなのか ―― 75
- 2-1-5 評価額を確認するための方法:縦覧と閲覧 ―― 76

2-2 タワーマンションと固定資産税

- 2-2-1 タワーマンションを利用した節税策 ―― 79
- 2-2-2 タワーマンションの現状 ―― 80
- 2-2-3 国税庁の対抗策とその評価 ―― 82
- 2-2-4 総務省の対抗策 ―― 84
- 2-2-5 総務省の対抗策への評価 ―― 87

2-3 相続税と異なり毎年課税される

- 2-3-1 相続税と固定資産税の比較表 ―― 89
- 2-3-2 毎年課税されることの意味 ―― 90
- 2-3-3 誤った評価が是正されないまま数十年過ぎることもある ―― 91
- 2-3-4 信頼確保・回復のための取組み ―― 93

2-4 相続税における固定資産税評価額の利用

- 2-4-1 土地の評価 ―― 100
- 2-4-2 家屋の評価 ―― 102
- 2-4-3 遊休地のアパート経営は何故流行るか? ―― 103

2-5 固定資産評価基準と財産評価基本通達とは微妙に異なる

- 2-5-1 固定資産評価基準と財産評価基本通達との比較 ―― 107
- 2-5-2 固定資産評価基準と財産評価基本通達とで異なるもの:評価単位 ―― 109
- 2-5-3 固定資産評価基準と財産評価基本通達とで異なるもの:補正率 ―― 111
- 2-5-4 固定資産税における路線価 ―― 115
- 2-5-5 固定資産税における路線価の特徴 ―― 116

2-6 同じ建物でも事務所用と居住用では評価額が異なる

- 2-6-1 家屋の評価 ——— 122
- 2-6-2 事務所用と居住用に係る評価方法の違い ——— 123
- 2-6-3 経年減点補正率の違いが及ぼす影響 ——— 124
- 2-6-4 家屋評価は時代とズレているか？ ——— 125

2-7 固定資産税は他の地方税とリンクする

- 2-7-1 固定資産税と他の地方税との関係 ——— 127
- 2-7-2 不動産取得税及び都市計画税と固定資産税との関係 ——— 127
- 2-7-3 固定資産税が不動産取得税及び都市計画税に及ぼす影響 ——— 129

2-8 国税とは争訟手続が異なる

- 2-8-1 国税の争訟手続 ——— 130
- 2-8-2 固定資産税の争訟手続 ——— 132
- 2-8-3 固定資産の評価額を争う場合 ——— 133
- 2-8-4 固定資産税の賦課徴収に係る違法性を争う場合 ——— 134
- 2-8-5 地方税法における審査請求等の処理状況 ——— 135
- 2-8-6 固定資産税と国家賠償請求訴訟 ——— 136

2-9 固定資産税評価額を時価として利用できるか

- 2-9-1 税務上の時価概念 ——— 138
- 2-9-2 土地の時価と固定資産税評価額 ——— 139

2-10 固定資産評価基準の法的意義

- 2-10-1 固定資産評価基準の意義 ——— 141
- 2-10-2 固定資産評価基準と時価 ——— 143
- 2-10-3 固定資産評価基準の法的位置付け ——— 144
- 2-10-4 固定資産評価基準と異なる評価は容認されるか ——— 145
- 2-10-5 固定資産評価基準と土地の評価 ——— 145
- 2-10-6 相続税と固定資産税の評価基準の統一 ——— 148

第3章

3-1 法人税の課税所得計算における未経過固定資産税の損金性が争われた事例
（福岡高裁平成28年3月25日判決・TAINS Z888-1991・棄却・確定、一審は長崎地裁平成27年10月15日判決・TAINS Z888-1948）

- 3-1-1 事案の概要 ——— 152
- 3-1-2 裁判所の判断 ——— 153
- 3-1-3 当該裁判例の意義 ——— 154

3-2 適正な時価の意義
（最高裁平成15年6月26日判決・民集57巻6号723頁）

- 3-2-1 事案の概要 ——— 156
- 3-2-2 裁判所の判断 ——— 156
- 3-2-3 当該裁判例の意義 ——— 158

3-3 農地に係る固定資産税の宅地並課税
（最高裁平成13年3月28日判決・民集55巻2号611頁）

- 3-3-1 事案の概要 ——— 160
- 3-3-2 裁判所の判断 ——— 161
- 3-3-3 当該裁判例の意義 ——— 162

3-4 物的非課税の意義
（最高裁平成6年12月20日判決・民集48巻8号1676頁）

- 3-4-1 事案の概要 ——— 165
- 3-4-2 裁判所の判断 ——— 166
- 3-4-3 当該裁判例の意義 ——— 167

3-5 登記名義人に対する固定資産税の課税
（最高裁昭和47年1月25日判決・民集26巻1号1頁）

- 3-5-1 事案の概要 ——— 169

3-5-2　裁判所の判断 ——— 170
　　　3-5-3　当該裁判例の意義 ——— 171

3-6　土地に係る適正な時価は客観的交換価値を指し、収益還元価格とは限らないとされた事例
（最高裁平成18年7月7日判決・判時1949号23頁）

　　　3-6-1　事案の概要 ——— 172
　　　3-6-2　裁判所の判断 ——— 173
　　　3-6-3　当該裁判例の意義 ——— 174

3-7　建替え中の住宅に係る土地に対する固定資産税軽減措置の適用の有無
（最高裁平成23年3月25日判決・
判時2112号30頁、判タ1345号105頁・TAINS Z999-8278）

　　　3-7-1　事案の概要 ——— 175
　　　3-7-2　裁判所の判断 ——— 177
　　　3-7-3　当該裁判例の意義 ——— 178

3-8　介護付き有料老人ホーム等に附属する駐車場用地について固定資産税及び都市計画税の課税標準の特例の適用を受ける住宅用地に該当するとされた事例
（東京地裁平成28年11月30日判決・判例集未搭載、
TAINS Z999-8376、被告控訴）

　　　3-8-1　事案の概要 ——— 180
　　　3-8-2　裁判所の判断 ——— 181
　　　3-8-3　当該裁判例の意義 ——— 182

3-9　画地計算法の適用が争われた事例
（高松地裁平成22年10月25日判決・TAINS Z999-8290、
高松高裁平成23年12月20日判決・TAINS Z999-8291、
最高裁平成25年7月5日決定・TAINS Z999-8320）

　　　3-9-1　事案の概要 ——— 188
　　　3-9-2　地裁判決 ——— 189
　　　3-9-3　高裁判決 ——— 191

| 3-9-4 | 当該裁判例の意義 ―― 191 |

3-10 固定資産評価基準と適正な時価との関係が争われた事例
（最高裁平成25年7月12日判決・民集67巻6号1255頁）

3-10-1	事案の概要 ―― 193
3-10-2	裁判所の判断 ―― 194
3-10-3	当該裁判例の意義 ―― 197
3-10-4	差戻し審の判決 ―― 198

第4章

4-1 新築家屋が課税客体となる時期
（最高裁昭和59年12月7日判決・民集38巻12号1287頁）

4-1-1	事案の概要 ―― 202
4-1-2	裁判所の判断 ―― 203
4-1-3	当該裁判例の意義 ―― 204

4-2 未登記の家屋に関する固定資産税の納税義務者
（最高裁平成26年9月25日判決・裁時1612号4頁・TAINS Z999-8335）

4-2-1	事案の概要 ―― 206
4-2-2	裁判所の判断 ―― 207
4-2-3	当該裁判例の意義 ―― 209

4-3 固定資産評価基準に従って決定された家屋の価格が適正な時価を超えるとした原審の判決を違法とした事例
（最高裁平成15年7月18日判決・判時1839号96頁）

4-3-1	事案の概要 ―― 210
4-3-2	裁判所の判断 ―― 211
4-3-3	当該裁判例の意義 ―― 212

4-4 既存建物の評価について争う際に建築当初の評価誤りを主張することの可否が問題となった事例
（東京高裁平成27年9月24日判決・裁判所ホームページ）

 4-4-1 事案の概要 —— 213
 4-4-2 裁判所の判断 —— 214
 4-4-3 当該裁判例の意義 —— 216

4-5 建築当初の評価による登録価格についての審査申出期間・出訴期間の経過後において基準年度の価格を争うことの是非
（東京地裁平成23年12月20日・判時2148号9頁）

 4-5-1 事案の概要 —— 218
 4-5-2 争点 —— 219
 4-5-3 裁判所の判断 —— 219
 4-5-4 控訴審の判断 —— 221
 4-5-5 当該裁判例の意義 —— 223

4-6 家屋に関し固定資産評価基準が定める評価の方法によっては再建築費を適切に算定することができない特別の事情があるとされた事例
（東京高裁平成16年1月22日判決・判時1851号113頁）

 4-6-1 事案の概要 —— 224
 4-6-2 裁判所の判断 —— 224
 4-6-3 当該裁判例の意義 —— 226

4-7 大型商業施設の固定資産税の課税標準額に関し収益還元方式によるべき特段の事情がないとされた事例
（名古屋地裁平成17年1月27日判決・判タ1234号99頁・TAINS Z999-8120）

 4-7-1 事案の概要 —— 228
 4-7-2 争点 —— 229
 4-7-3 裁判所の判断 —— 229
 4-7-4 当該裁判例の意義 —— 231

4-8 固定資産評価基準が定める経年減点補正率が低いことからそれによって評価する合理性がないとされた事例
（仙台地裁平成16年3月31日判決・裁判所ホームページ・TAINS Z999-8101）

 4-8-1 事案の概要 —— 232
 4-8-2 争点 —— 232
 4-8-3 裁判所の判断 —— 233
 4-8-4 当該裁判例の意義 —— 234

第5章

5-1 賃借建物の内部造作の納税義務者は建物の賃借人であるとされた事例
（東京高裁平成19年8月29日判決・TAINS Z999-8173）

 5-1-1 事案の概要 —— 236
 5-1-2 裁判所の判断 —— 236
 5-1-3 当該裁判例の意義 —— 238

5-2 償却資産の半年分償却の合理性
（福岡高裁昭和58年3月23日判決・シュト254号29頁・TAINS Z999-8265）

 5-2-1 事案の概要 —— 239
 5-2-2 裁判所の判断 —— 239
 5-2-3 当該裁判例の意義 —— 240

第6章

6-1 市役所による過年度の誤った冷凍倉庫に係る固定資産税の賦課決定が5年を超えてなされないことに異議を唱えた納税者の主張が認められた国賠事例
（最高裁平成22年6月3日判決・民集64巻4号1010頁）

- 6-1-1 事案の概要 —— 244
- 6-1-2 裁判所の判断 —— 246
- 6-1-3 当該裁判例の意義 —— 247

6-2 区分所有建物の固定資産税評価額の算定に関し、事務所部分と住居部分とに区分して異なる経年減点補正率を適用した行為は国家賠償法上違法であるとして、被告の賠償責任が認められた事例
（札幌地裁平成28年1月28日判決・判自416号30頁・TAINS Z999-8362）

- 6-2-1 事案の概要 —— 248
- 6-2-2 前提事実 —— 248
- 6-2-3 争点 —— 250
- 6-2-4 裁判所の判断 —— 250
- 6-2-5 当該裁判例の意義 —— 254

6-3 固定資産税評価審査委員会における審査の方法
（最高裁平成2年1月18日判決・民集44巻1号253頁）

- 6-3-1 事案の概要 —— 258
- 6-3-2 裁判所の判断 —— 260
- 6-3-3 当該裁判例の意義 —— 263

6-4 国賠法に基づく損害賠償請求権の消滅時効が争われた事例
（浦和地裁平成4年2月24日判決・判時1429号105頁）

6-4-1 事案の概要 —— 264
6-4-2 裁判所の判断 —— 265
6-4-3 当該裁判例の意義 —— 267

・索引 —— 268
・判例索引 —— 270

【凡例】
地法：地方税法	民集：大審院民事判例集
地令：地方税法施行令	裁判集民事：最高裁判所裁判集民事
地規：地方税法施行規則	行裁例集：行政事件裁判例集
法法：法人税法	裁時：裁判所時報
法令：法人税法施行令	裁事：裁決事例集
所法：所得税法	税資：税務訴訟資料
所令：所得税法施行令	判自：判例地方自治
措法：租税特別措置法	判時：判例時報
通法：国税通則法	判タ：判例タイムズ
行訴法：行政事件訴訟法	訴月：訟務月報
行審法：行政不服審査法	シュト：シュトイエル
自治法：地方自治法	

建物区分所有法：建物の区分所有等に関する法律
消基通：消費税法基本通達
評基通：財産評価基本通達
取扱通知（市）：地方税法の施行に関する
　　　　　　　取扱いについて（市町村税関係）
都税条例：東京都都税条例

第1章

1-1 固定資産税の特徴

1-1-1 固定資産税とは

　固定資産税は、日本全国に所在する土地、家屋及び償却資産の価額に対して課税する地方税で普通税[1]である。地方税には道府県民税と市町村民税とがあるが、固定資産税は市町村民税である。したがって、固定資産税は基本的に市町村が課税するが、東京23区（特別区）だけは東京都が課税する（地法736①、734①）。

　固定資産税は一般に、安定的で税収の変動が少なく、どの地方公共団体にも税源が広く存在し、その偏在が少ないという特徴があるとされるところである[2]。税収の安定性という点は、以下の図からもわかるところであろう。

---

[1] 使途を特定せず一般経費に充てる目的で課される税金を普通税という。一方、特定の経費に充てる目的で課される税金を目的税という。固定資産税は前者であり、都市計画税は後者である。金子宏『租税法（第二十二版）』（弘文堂・2017年）17頁。
[2] 政府税調「わが国税制の現状と課題－21世紀に向けた国民の参加と選択」（平成12年7月）参照。

● 地方税主要税目の税収の推移（決算額・地方財政計画ベース）

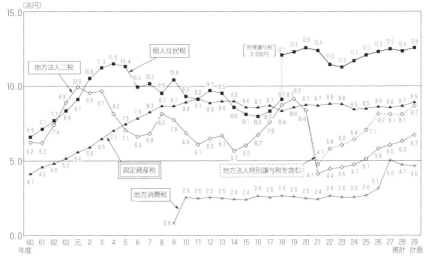

(出典) 総務省ホームページ

1-1-2 地方税源としての固定資産税

固定資産税は市町村民税の中で最もウェートの大きい税目である。地方税収の内訳は以下の図のとおりである。

● 地方税収の構成（平成29年度地方財政計画額）

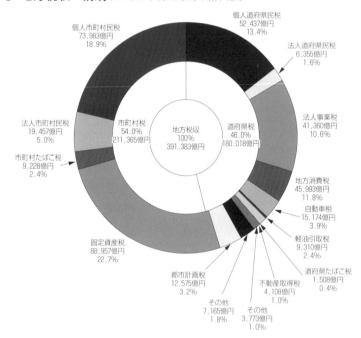

（出典）総務省ホームページ

上記の図のとおり、固定資産税の税収は約8.9兆円と地方税収全体の22.7％、市町村民税収全体の42.1％と半分強を占め、地方税において単独の税目で最もウェートが大きいことから、地方税における「基幹税」であるといってよいものと思われる。

● 市町村税収の構成（平成25年度決算額）

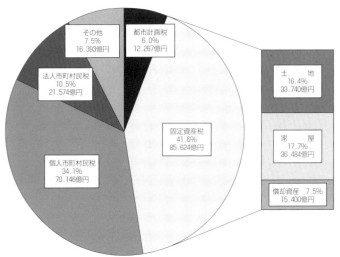

（出典）総務省自治税務局「固定資産税課関係」（平成28年2月19日）3頁

　さらに、以下の表のとおり、都市計画税を含めるとややその差は縮まるものの、都市部よりも町村部の方が税収に占める固定資産税のウェートが大きいということがいえる。

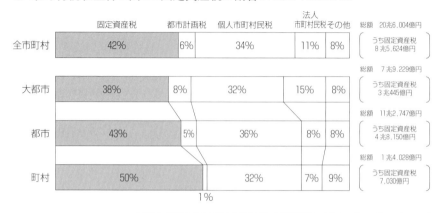

(出典)総務省自治税務局「固定資産税課関係」(平成28年2月19日) 5頁

1-1-3 固定資産税の性格

　固定資産税はどのような性格の税金であるといえるのであろうか。税金の課税根拠(負担原則)としては、理論的に、応能税と応益税とがある。このうちの応能税は、税を負担する人の経済的能力(担税力)に応じて税を負担すべきという考え方に基づき課される税金で、応能税の典型は所得税である。

　また、応益税は、行政サービス等の受益に応じて税を負担すべきという考え方に基づき課される税金である。市町村の行う道路整備、上下水道の敷設、教育や消防サービスの提供等により、一般にその市町村に土地や家屋、償却資産を保有する者の資産価値は増加する。そのため、このような行政サービス提供の対価として、土地や家屋、償却資産を課税客体とする固定資産税を課すのが妥当であるというのが、応益税としての固定資産税であるといえる。

　一方、固定資産税は別の見方として、財産税であるとされることがある。財産税とは、財産の所有という事実に着目して課される税金である[3]。財産税には財産全体を課税対象とする一般財産税と、特定種類の財産を課税対象とする個別財産税とがあるが、固定資産税は後者に該当する。

3　金子前掲注1書14頁。

ただし、固定資産税の課税客体である償却資産と、土地・家屋の多くはその使用によって得られる利益を納税原資とするため、収益税[4]としての性格もあると解されている(収益税的財産税)。

なお、最近話題になったピケティの『21世紀の資本』(山形浩生他訳・みすず書房)で挙げられた「グローバルな累進的富裕税(Global Progressive Tax on Capital)」は、一般財産税の一形態であると考えられる。一般財産税は、執行体制が整えば、大きな再分配機能を有するといえる。

1-1-4　固定資産税の課税対象

固定資産税の課税対象(課税客体ないし課税物件)は固定資産で、具体的には土地、家屋及び償却資産の3種類に分けられる(地法342①、341一)。このうち「償却資産」とは、一般に、土地及び家屋以外の事業の用に供することができる減価償却資産をいう[5]。

また、土地に対する固定資産税は一般に、その資産価値に着目し、その所有という事実に担税力を認めて課する一種の財産税であると解されている(最高裁平成15年6月26日判決・民集57巻6号723頁)。

なお、固定資産税の課税対象となっている土地及び家屋の計数は以下のとおりである(償却資産については統計が公表されていない)。

● 固定資産税の課税客体

土　地	家　屋
179,555,360筆＊	58,590,961/棟

(注)評価総筆数をいう。

(出典)総務省「平成27年度　固定資産の価格等の概要調書」

4　所有する生産要素からもたらされる収益を対象として課される税金をいう。金子前掲注1書14頁。

5　ただし、自動車税の課税対象となる自動車、軽自動車税の課税対象となる原動機付自転車等は除く(地法341四)。

1-1-5　固定資産税の納税義務者

　固定資産税の納税義務者は、原則として、賦課期日である1月1日における固定資産の所有者となるが、これを一般に「所有者課税主義」という(地法343①、359)。

　この所有者課税主義の場合、次に、果たして誰が所有者であるのかが問題となるが、地方税法上、それは土地、家屋及び償却資産の所有者として、固定資産課税台帳に登録されている者であり、これを「台帳課税主義」という(地法343②③)。ここでいう「固定資産課税台帳」とは、以下の台帳の総称である。
① 土地：土地登記簿または土地補充課税台帳
② 家屋：家屋登記簿または家屋補充課税台帳
③ 償却資産：償却資産課税台帳

　なお、所有者として固定資産税台帳に登録されている者が1月1日(賦課期日)より前に死亡している場合には、1月1日現在に、その土地や家屋を現に所有している者が納税義務者となる(地法343②)。

　固定資産税の資産ごとの納税義務者数は以下のとおりである。

● 資産別固定資産税納税義務者数

土　地	家　屋	償却資産
40,593,379人	40,746,616人	4,249,187人

(出典)総務省「平成27年度 固定資産の価格等の概要調書」

1-1-6　台帳課税主義の意義

　ところで、固定資産税の納税義務者の判定につき台帳課税主義が採用されたのは、判例によれば、課税庁が一々実質的所有権の帰属者を調査し、所有者の変動ごとにその所有期間に応じて税額を確定賦課させることは、徴税義務を極めて複雑困難にすることであることに鑑み、徴税の事務処理の便宜上、納税

義務者の判定に当たっては、画一的形式的に登記簿上の所有名義人を所有者として取り扱えば足りるとしたものであると解されている（福岡地裁昭和56年4月23日判決・行政事件裁判例集32巻4号616頁）。

なお、2004年に全面改正された不動産登記法においては、登記は電子化され、登記簿は登記記録となり、土地登記簿・家屋登記簿の区別もなくなっている。

土地・家屋については、登記簿に所有者として登録されている者は私法上の真実の所有者とは限らないが（不動産登記に公信力はない[6]）、便宜上、登記簿に所有者として登録されている者をその固定資産の所有者とし、固定資産税の納税義務者とする。なお、電子化された登記簿の情報は以下のような「登記事項証明書」として交付される。

● 登記事項証明書の例（建物）

【 表 題 部 】 (主たる建物の表示)	調製	余白	所在図番号	余白
【所　在】		余白		
【家屋番号】		余白		

【①種　類】	【② 構　造】	【③ 床 面 積】 ㎡	【原因及びその日付】	【登記の日付】
居宅	木造スレート葺2階建	1階 66：88 2階 55：83	平成13年2月21日新築	平成13年3月15日

【所有者】

【 甲 　区 】 (所有権に関する事項)				
【順位番号】	【登記の目的】	【受付年月日・受付番号】	【原　因】	【権利者その他の事項】
1	所有権保存	平成13年3月27日 第11797号	余白	所有者

【 乙 　区 】 (所有権以外の権利に関する事項)				
【順位番号】	【登記の目的】	【受付年月日・受付番号】	【原　因】	【権利者その他の事項】
1	抵当権設定	平成13年5月7日 第16275号	平成13年5月3日金銭消費貸借平成13年5月3日設定	債権額　金1,100万円 利息　年2・750% ただし、平成23年5月3日から年4・000% （ただし月割計算。月未満の期間は年365日日割計算） 損害金　年14・5%（年365日日割計算） 債務者

---

[6] 内田貴『民法Ⅰ (第4版)』(東京大学出版会・2008年) 62頁。

償却資産については、基本的に資産の所有者からの申告により償却資産課税台帳が作成され、それに基づき課税されることから、台帳登録者と真の所有者とが異なるケースは比較的少ないものと考えられる。

1-1-7　登記簿に登記されていない土地及び家屋の納税義務者

　登記簿に登記されていない土地または家屋に係る固定資産税の納税義務者は、原則として、当該土地または家屋の現実の所有者が、当該土地または家屋の所有者として土地補充課税台帳または家屋補充課税台帳に登録され、その登録された者が当該土地または家屋に係る固定資産税の納税義務者となる（地法342②、381②④）。

1-1-8　特定の質権者または地上権者の取扱い

　質権または100年より長い存続期間の定めのある地上権が設定されている土地については、当該土地の所有者ではなく、質権者または地上権者を納税義務者として固定資産税が課税される（地法343①）。

1-1-9　固定資産税の課税標準

　固定資産税の課税標準は、1月1日（賦課期日）現在における固定資産の価格として固定資産課税台帳に登録された金額である（地法349、349の2）。ここでいう「価格」とは、適正な時価をいうとされている（地法341五）。
　固定資産の価格の具体的な算定方法については、後述 1-8 以下を参照されたい。

1-1-10 固定資産税の税率

固定資産税の税率は1.4%[7]であり、これを標準税率という(地法350①)。ただし、市町村は1.4%を超える税率を設定することができ、これを超過税率という。

総務省によれば、固定資産税に関し超過税率が設定されている自治体は153団体(平成27年4月1日現在)、その税額は340.8億円(平成26年度決算)である。

また、超過税率を設定する場合、以下の①②のいずれの要件にも該当するときには、市町村は当該市町村議会において、いわば課税が狙い撃ちされた「特定の納税義務者(下記②の納税義務者)」の意見を聴取することが求められている(地法350②)。

① 1.7%を超える税率にする場合
② 特定の納税義務者の固定資産税の課税標準の総額がその市町村の課税標準の総額の3分の2を超える場合

1-1-11 固定資産税の免税点

固定資産税に関しては、資産ごとに以下のとおり免税点(合計金額がその金額に達するまでは課税されない水準のこと)が定められている(地法351)。

● 固定資産税の免税点

土　　地	30万円
家　　屋	20万円
償却資産	150万円

ただし、財政上等の特別の必要があるときには、市町村の条例の定めるところにより、上記金額に満たない場合であっても固定資産税が課されることがある(地法351但書)。

7　なお、平成16年度の税制改正で制限税率2.1%は廃止された。

1-1-12 固定資産税の税額計算

固定資産税の税額は以下のとおり計算する。

$$固定資産税の税額 = 課税標準額 \times 税率$$

1-1-13 固定資産税の賦課徴収のフロー

固定資産税の賦課徴収の手続フローを図で示すと以下のとおりとなる。

● 固定資産税の賦課徴収のフロー

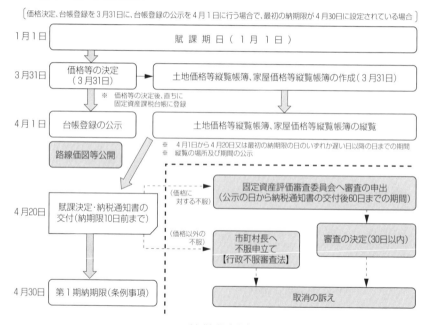

(出典)総務省自治税務局「固定資産税制度について」21頁

1-2 固定資産税の課税対象

1-2-1 固定資産税の課税対象

　前節で触れたとおり、固定資産税の課税対象（課税客体ないし課税物件）は固定資産で、具体的には土地、家屋及び償却資産の3種類に分けられる（地法342①、341一）。

1-2-2 土地の意義

　固定資産税の課税客体である「土地」は、具体的には、田、畑、宅地、塩田、鉱泉地、池沼、山林、牧場、原野、雑種地その他のあらゆる土地をいう（地法341二）。これは基本的に、不動産登記法や不動産取得税の土地の意義（地法73二）と同様であると解されている。
　なお、公有水面埋立法による埋立地や干拓地は、竣工認可前は海や湖（公有水面）として扱われるため、原則として固定資産税の課税客体である土地とはされないが、工作物を設置する等一般の土地と同様の状態で使用されているものは、竣工認可前であっても土地とみなして固定資産税が課されることとなる（地法343⑦）。

1-2-3 家屋の意義

　次に、固定資産税の課税客体である「家屋」であるが、具体的には、住家、店舗、工場（発電所及び変電所を含む）、倉庫その他の建物をいう（地法341三）。家屋の場合も、不動産登記法や不動産取得税の家屋の意義（地法73三）と同様であると解されている。

固定資産税の課税客体である家屋の認定は、原則として、1月1日(賦課期日)現在における家屋の現況に基づいて判断することとなる。

　建築中の家屋については、以下の①～④の要件をすべて満たしている状態に達している場合には、社会通念上1個の建物と認識することができるので、固定資産税の課税客体である家屋と認定される (昭和31年3月9日自丁市発第27号市町村税課長回答)。

① 柱が建っている。
② 屋根を葺いている。
③ 外壁が塗り終わっている。
④ 独立して風雨をしのぐことができる。

　実務上は、新築工事中の建物についてはその工事が完了して初めて固定資産税が課されるが、例外的に、外部工事や内装の一部が未了であっても、家屋の使用が開始されている場合には、課税される可能性がある。

1-2-4　償却資産の意義

　固定資産税の課税客体である「償却資産」であるが、一般に、土地及び家屋以外の事業の用に供することができる減価償却資産をいい、鉱業権、漁業権、特許権その他の無形減価償却資産 (無形資産) は除かれている (地法341四)。

　地方税法ではさらに償却資産の要件として、減価償却費が法人税法または所得税法の規定による所得の計算上損金または必要経費に算入されるもので、少額償却資産ではないこと、が挙げられている (地法341四)。したがって、減価償却が可能な資産であっても、商品として保有する資産 (例えば工業用ミシンを製造販売するメーカーが保有する工業用ミシン等) は棚卸資産となるため、固定資産税における償却資産には該当しないこととなる。

　ここでいう「少額償却資産」とは、以下のいずれかの要件に該当する資産をいう (地令49)。

① 耐用年数1年未満または取得価額10万円未満のもので、法人税法上または所得税法上、一時の損金または必要経費に算入されるもの

② 取得価額20万円未満のもので、法人税法上または所得税法上、3年間で一括して損金または必要経費に算入されるもの（一括償却）

　なお、取得価額30万円未満（取得価額合計300万円まで）の減価償却資産が一時の損金とされる、中小企業者等の少額減価償却資産の取得価額の損金算入の特例（措法67の5、28の2）の適用を受ける減価償却資産は、固定資産税の償却資産に関する上記「少額償却資産」には該当しないことに留意すべきである。

1-2-5　家屋と償却資産との差異

　家屋も減価償却資産であるため、固定資産税における償却資産との差異が問題となる。

　すなわち、家屋は事業用のみならず非事業用（自己の居住用等）であっても固定資産税の課税客体となるが、償却資産は「事業の用に供するもの」のみ課税客体となるという点が異なるといえる。

1-3 年の途中で不動産や償却資産の売買があった場合

1-3-1 固定資産税の納税義務者

1-1-4 で説明したとおり、固定資産税の納税義務者は、賦課期日である1月1日における固定資産の所有者として、固定資産課税台帳に登録されている者である。したがって、年の途中で不動産の売買があった場合も、1月1日の不動産の所有者である売手に固定資産税が課されることとなる。

1-3-2 不動産売買における固定資産税の精算

ただし、不動産の売買の場合には、実務上以下のように、売手に課された固定資産税は売買期日を基に期間按分して、買手から売手に買手が負担すべき金額（未経過固定資産税精算額）を交付するのが通例である。

● 不動産売買における固定資産税の精算

```
売手  ──不動産の引渡し──→  買手
      ←──────────────
   売買代金・未経過固定資産税精算額
```

＜設例＞
・2017年5月31日に不動産（中古住宅）の引渡しを行う
・2017年度の固定資産税年税額は30万円
① 売手負担額

2017年1月1日から5月30日まで日数（引渡しの前日まで）：150日

$$300,000円 \times \frac{150日}{365日} = 123,287円$$

② 買手負担額

300,000円－123,287円＝176,713円

なお、上記のような固定資産税額の精算は、あくまで売買当事者間の契約で定められるものであって、固定資産税の課税関係には何ら影響を及ぼすものではない。

1-3-3　固定資産税精算額の譲渡所得課税上の取扱い

不動産の売買において、上記のような固定資産税精算額（買手の固定資産税負担額）が生じる場合には、当該金額は売手（個人）の譲渡所得の計算上、収入金額に加算することとなる（国税不服審判所平成14年8月29日裁決・裁事64集152頁）。

1-3-4　償却資産税の納税義務者

上記 1-3-1 で説明したとおり、固定資産税の納税義務者は、賦課期日である1月1日における固定資産の所有者として、固定資産課税台帳に登録されている者である。したがって、年の途中で機械等の償却資産の売買があった場合も、1月1日の機械等の所有者である売手に償却資産税が課されることとなる。

1-3-5　償却資産の売買における固定資産税の精算

ただし、機械等の償却資産の売買の場合においても、実務上契約により、売手に課された償却資産税について売買期日を基に期間按分して、買手から売手に買手が負担すべき金額（未経過償却資産税精算額）を交付することがある。

1-3-6 未経過償却資産税精算額の取扱い

　法人間における機械等の償却資産の売買の際に、買主が売主に対して支払った未経過償却資産税精算額は、法人税法上、買主における当該償却資産の取得価額に算入すべきものとなる(法令54①一)。

1-4 固定資産税の課税方法と免税点

1-4-1　二つの租税確定手続

　納税者が負うべき納税義務は、各税法に規定された課税要件が充足されれば、一応成立する。しかし、納税義務を具体的に確定しそれを履行させるためには、税額を算定しそれを納付する手続を経る必要がある。このような手続を一般に租税確定手続というが、その方法には以下のとおり申告納税方式と賦課課税方式の二種類がある[8]。

① 申告納税方式

　申告納税方式とは、納付すべき税額が納税者の申告によって確定することを原則とし、申告がない場合や申告内容に問題があると認められる場合に限って、課税庁の更正または決定により税額が確定する方式をいう(国税の場合は通法16①一、地方税の場合は地法1①八(申告納付))。所得税、法人税、相続税、消費税のように、国税では申告納税方式が一般的であるが、地方税では法人住民税、法人事業税、地方消費税等限定的にのみ採用されている。

　申告納税方式は納税者の自発的な申告行為を前提とする、民主的な納税思想に基づく方法であると考えられる。

② 賦課課税方式

　一方、賦課課税方式とは、納付すべき税額が専ら課税庁の行政処分によって確定する方式をいう(国税の場合は通法16①二、地方税の場合は地法1①七(普通徴収))。地方税では、固定資産税や都市計画税を含め、賦課課税方式が一般的である。

---

[8]　金子前掲注1書856-858頁。

1-4-2　償却資産税の課税

1-3 で説明したとおり、固定資産税の納税義務者は、賦課期日である1月1日における事業の用に供されている固定資産の所有者として、固定資産課税台帳に登録されている者である。したがって、上場企業等の大企業はいうに及ばず、仮にSOHOで事業を営む小規模事業者であっても、償却資産を所有する個人事業主は、原則として償却資産税が課税されることとなる。

1-4-3　固定資産税の免税点

ただし、償却資産を所有する事業者はすべて償却資産税の申告を行い、納税を行う必要があるとは限らない。なぜなら、既に 1-1-11 でみたとおり、固定資産税には免税点制度が設けられているからである。

すなわち、市町村は同一の者について、その市町村の区域内におけるその者の所有する土地、家屋または償却資産について、課税標準額の合計額がそれぞれ30万円、20万円、150万円に満たない場合においては、固定資産税が課されないこととなっている（免税点制度、地法351）。なお、固定資産税の免税点が現在の水準となったのは、平成3年からである。

したがって、小規模事業者で、その保有する同一市町村区域内の償却資産の課税標準額の合計額が150万円に満たない場合には、固定資産税（償却資産税）は課されないこととなる。

なお、免税点制度と基礎控除額（例えば、相続税の3,000万円＋600万円×法定相続人数）とは似ているが、異なるものなので注意を要する。すなわち、基礎控除額はその金額を超える部分のみ課税対象となるのに対し、免税点はその金額を超えるとその全額が課税対象となるのである。

＜例＞

A氏は償却資産を140万円分、B氏は償却資産を150万円分所有している。固定資産税の税率が1.4％の場合、A・B両氏の税額は以下のとおりである。

A氏：ゼロ（償却資産の免税点150万円未満であるため）

B氏：150万円×1.4％＝21,000円（免税点150万円以上となると全額課税対象となるため）

1-4-4 免税点の判定単位となる同一市町村

　固定資産税の免税点は、同一市町村区域内の固定資産（土地、家屋、償却資産ごと）の課税標準の合計額で判定するが、東京23区（特別区）及び政令指定都市（札幌市、仙台市、さいたま市、川崎市、横浜市、相模原市、千葉市、新潟市、静岡市、浜松市、名古屋市、京都市、大阪市、堺市、神戸市、岡山市、広島市、北九州市、福岡市及び熊本市の20市、自治法252条の19①）の区の区域は、一つの市（東京23区は全体で市とみなす）の区域として免税点を判定する（地法737）。

　例えば、東京都中野区と杉並区に償却資産を有する事業者は、区ごとではなく、両方の区に所在する償却資産を合算して免税点を判定することとなる。

1-4-5 償却資産の評価額の下限

　償却資産の評価額は、減価償却によって毎年減額していくが、その評価額が取得価額の5％を下回るときは、取得価額の5％が評価額となる（固定資産評価基準第3章第1節十）。

1-5 償却資産税とは

1-5-1 償却資産税の性格

 1-1-3 で説明したとおり、固定資産税は一般に、行政サービス提供の対価として課される税金であるとして、応益税としての性格が強いとされている。一方で、固定資産税の課税客体である償却資産は、その使用によって得られる利益を納税原資とするため、収益税としての性格もあると解されている。

特に償却資産税の収益税としての性格に着目すると、法人税や所得税（事業所得）のような所得に対する課税との二重課税、地方税である法人・個人事業税のような事業に対する課税（応益税とみることも可能である）との二重課税ではないかという疑問には、十分な根拠があるものと考えられる[9]。

そもそも、償却資産税は、シャウプ勧告に基づく昭和25年の税制改正で、船舶税・軌道税・電柱税等といった特定種類の償却資産に対する諸税を包摂する形で導入された税目であり[10]、その課税に対する理論的根拠は、土地・家屋に対する固定資産税と比較すると、必ずしも十分とはいえないものと考えられる。

1-5-2 市町村税としての償却資産税の重要性

そうはいっても、以下のように市町村税としてそれなりに重要な税源である償却資産税を廃止に追い込むことは、現実には相当困難であるといえよう。

9　この点に関する論考として、中里実『デフレ下の法人課税改革』(有斐閣・2003年) 34－45頁参照。
10　金子前掲注1書692頁参照。

● 固定資産税に占める償却資産税の割合（平成25年度決算額）

	土　地	家　屋	償却資産	合　計
税額	3兆3,740億円	3兆6,484億円	1兆5,400億円	8兆5,624億円
割合	39.40%	42.60%	17.98%	100%

（出典）総務省自治税務局「固定資産税課関係」（平成28年2月19日）2頁を基に著者作成

　平成27年度の税制改正では、設備投資促進の観点からそれを阻害し得る償却資産税の見直しが論点となったが、地方団体等からの反対により、現状維持（検討課題[11]）とされている[12]。

　また、平成28年度税制改正でも償却資産税の見直しが検討され、自民党税調の会合で一旦見送りとされた模様であるとの報道もあったが[13]、最終的には改正されることとなった。

1-5-3　設備投資に伴う固定資産税の減免措置

　平成28年度の税制改正の目玉の一つは、法人税の実効税率の引下げであった。すなわち、法人税の実効税率が32.11%[14]から29.97%に引き下げられることとなったが、当該引下げは現在全法人の7割程度を占める赤字法人には恩恵が及ばないため、特に中小企業に対する税制上の措置が求められていた。

　そのため、政府・与党は、赤字の中小企業でも納付が必要な固定資産税に着目し、新規に償却資産への投資を行う企業に対して、それに課される固定資産税の減免を行うこととなったわけである。当該措置は、設備投資を促進する効果が期待できるという点で、アベノミクスを下支えするという意味もあると思われる。

　減免措置の具体的な内容であるが、資本金1億円以下の中小企業が新たに

11　自民党・公明党「平成27年度税制改正大綱」検討事項18参照。
12　青木信之「地方財政・地方税制の現状と課題」『租税研究』2015年7月号38頁資料51参照。
13　2015年11月30日時事通信参照。
14　法人税23.9%、法人住民税4.13%、法人事業税（地方法人特別税を含む）6.0%で、法人事業税が法人税課税所得の計算上損金算入されることを考慮した合計額である。

導入する160万円以上の建設機械や製造設備といった有形固定資産（償却資産）のうち、生産性を高めることが証明できるものについては、その導入の翌年度から3年間にわたり固定資産税を半分に減免するというものである。

なお、当該措置は平成29年度の税制改正で次のとおりさらに拡充されることとなった。すなわち、以下の①の要件に該当する地域及び業種については、②に該当する資産についても適用されることとなったのである。

① **対象資産が拡大される地域及び業種**

地　域	対象資産が拡大される業種
最低賃金が全国平均未満の地域	すべての業種
最低賃金が全国平均以上の地域	労働生産性が全国平均未満の業種

② **対象資産に新たに加わる資産**

対象資産	要件（以下のすべてを満たすもの）		
	販売開始時期	生産性（単位時間当たりの生産量、精度、エネルギー効率等）の向上	取得価額
測定工具・検査工具	5年以内	旧モデル比で年平均1％以上	1台または1基の取得価額が30万円以上
器具・備品	6年以内		
建物付属設備（*）	14年以内		一組の取得価額が60万円以上

（注）償却資産として課税されるものに限る。

1-5-4　償却資産税の今後

上記でみたとおり、固定資産税のなかでも償却資産税はその課税根拠に多くの疑問が投げかけられている。そのため、地方税体系のなかで、地方住民税・事業税と償却資産税をどのように整理・統合するのかが、今後の税制改正に関する重要なテーマとなるであろう。

1-6 固定資産の評価と固定資産評価基準

1-6-1 固定資産税の負担感と税率

　固定資産税について重税感を覚えている納税者も少なくないと思われるが、同じ土地であっても、「商業地のほうが住宅地よりも固定資産税の負担が重いのでは」という感覚を抱く納税者もいるようである。このような感覚は、果たして根拠があるものなのだろうか。

　固定資産税の税率（標準税率）は1.4％であり（地法350①）、昭和30年度から現在まで長期にわたり据え置かれている。当該税率は土地、家屋及び償却資産を問わず同一である。

　もっとも、税率は各市町村の条例により定められるので、標準税率を超える税率で固定資産税が課されるケースもある。仮に、その税率が1.7％を超える場合で、一人の納税義務者に係る課税標準の総額が市町村の課税標準の総額の3分の2を超えるケースについては、平成10年度の税制改正により、市町村の議会において当該納税義務者の意見を聴くこととなる（地法350②）。

　総務省によれば、平成27年4月1日現在の固定資産税の超過課税（1.4％を超える税率で課税すること）実施団体数は153団体で、全体（1,719団体）の8.9％であり、最高は1.75％となっている[15]。

　土地に対する標準税率が日本全国同一の1.4％であれば、商業地であろうが住宅地であろうが負担割合（実効税率）は基本的に同一のはずである。しかし、下記の国土交通省の調査によれば、土地に係る固定資産税の実効税率（税額÷資産額）の推移をみてみると、昭和50年以降一貫して商業地のほうが住宅地よりも税率が高いという結果が出ているところである。

15　総務省自治税務局「固定資産税制度について」12頁。

● 土地に係る固定資産税の実効税率の推移

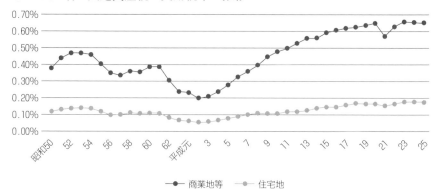

(注) 税額は総務省「固定資産の価格等の概算調書」の課税標準額×1.4%、資産額は、平成9年度以降は総務省「固定資産の価格等の概算調書」の決定価格÷0.7、平成8年度以前は内閣府「国民経済計算ストック編」の民有宅地資産額に補正率を乗じて算出。
(出典) 国土交通省「平成16年度国土交通省税制改正要望」等を基に筆者作成

　上記表によれば、平成25年度の商業地等の実効税率は0.66%、住宅地は0.18%と、いずれも標準税率（1.4%）からかなり下方に乖離しており、特に住宅地の乖離度合いが大きいといえる。これは、実効税率の分母である「資産額」が7割評価前の「時価」になっていること（すなわち、7割評価に合わせた場合標準税率は1.4%×0.7＝0.98%に相当する）、及び、住宅地は課税標準を3分の1または6分の1とする特例が導入されていることが主たる理由と考えられる。
　したがって、一部の納税者が抱く「商業地のほうが住宅地よりも固定資産税の負担が重いのでは」という感覚には、実態上・データ上の根拠があるものと考えられる。
　なお、かつて出された政府税調の答申においては、土地、家屋及び償却資産の間で収益力に差があるため、その差に応じて税率を異にする等固定資産税負担に差を設けるようにすることが望ましいという考え方に対し、「しかしながら、土地、家屋及び償却資産の間で、その収益力に差があるかどうかは議論の存するところであるのみならず、現実の各資産の使用の実態は、ほとんどの場合一体的に利用されているから、（土地、家屋及び償却資産の）3資産の収益力をそれぞれ分別して、その間に差があるかどうかを判定することは困難である。したがって、

3資産の間において税率に差等を設けることは、適当ではない」と結論付けられている[16]。

1-6-2 固定資産の評価

とはいえ、時価が同等と思われる固定資産であるにもかかわらず、固定資産税の負担割合が異なるというのでは、納税者の税制への信頼が損なわれることとなりかねない。そのような問題が起こらないようにするためには、そもそも固定資産の時価（固定資産の価格で、適正な時価をいう。地法341五）がいくらであるのか、正確に測定することが求められるといえる。それが固定資産の評価である。

固定資産税の課税客体である固定資産の評価は、原則として、固定資産評価員によって行われ、その価格の決定は、市町村長によって行われる。

ただし、船舶、車両、鉄道、発電または電気通信等で総務大臣が指定するもの、及び、大規模償却資産で都道府県知事が指定するものは、総務大臣または都道府県知事が評価する（地法389①）。

固定資産のうち、土地及び家屋の評価及び価格決定の手順は概ね以下のとおりとなる。

---

[16] 政府税制調査会「今後におけるわが国の社会、経済の進展に即応する基本的な租税制度のあり方についての答申」（昭和39年12月）参照。

● 土地及び家屋の固定資産税評価及び価格決定の手順

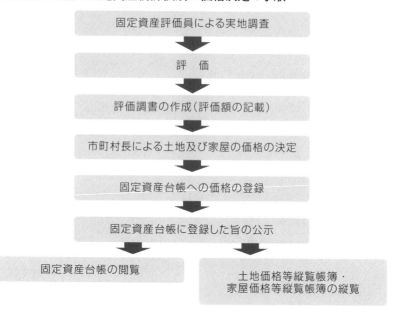

1-6-3 固定資産評価員による調査

　市町村長は、固定資産評価員または固定資産評価補助員[17]にその市町村所在の固定資産（土地及び家屋）の状況を、毎年少なくとも1回、実地調査させることとされている（地法408）。

　上記の「固定資産評価員」とは、固定資産の評価に関する知識及び経験を有する者のうち、市町村長が議会の同意を得て選任される専門職で（地法404②）、市町村長の指揮を受け、固定資産税を適正に評価し、かつ、市町村長が行う価格の決定を補助するために設置される特別職地方公務員である（地法404①、地方公務員法3③）。ただし実際には、多くの自治体において、税務担当課長が兼務しているものと思われる（地法404④）。

17　固定資産評価員の職務を補助する者である（地法405）。

1-6-4　固定資産評価基準

　固定資産の評価は、基本的に「固定資産評価基準」に定める方法及び手続により行われる。固定資産評価基準は総務大臣によって定められ、告示される基準で(地法388①)、市町村の固定資産評価員は当該基準により評価を行い、市町村長はその評価に基づいて固定資産の価格を決定する(地法403①)。

　固定資産税の課税客体である固定資産の評価とその価格の決定は、多分に専門技術的な性質を持っているうえ、評価方法やその額に地域的な不均衡が生じるのは望ましくないため、全国統一的な評価の基準が求められているといえる[18]。そこで総務大臣は、固定資産の評価について全国的な統一を図り、市町村間の均衡を維持するため、固定資産の評価の基準、評価の実施方法及び手続を定め、告示しているが、これが「固定資産評価基準」である(地法388①)。

　固定資産評価基準が実務に与える影響は大きく、市町村長は、固定資産の価格を決定する際には、固定資産評価基準によることが求められている(地法403①)。

1-6-5　固定資産評価基準の法的意義

　相続税の財産評価実務を事実上規定しているのは、国税庁が定める財産評価基本通達(平成3年12月18日課評2－4・課資1－6)であることはよく知られている。しかし通達は法源ではないので、争訟において裁判所がそれに拘束されることはない[19]。

　ただし、財産評価基本通達の内容が不特定多数の納税者に対する反復・継続的な適用によって「行政先例法(一種の慣習法)」となっている場合には、それと異なる評価を行うことは違法となると解されているので[20]、実務上はもちろんのこと法的にも、当該通達は重要な地位を占めていると考えられる。

18　金子前掲注1書715頁。
19　金子前掲注1書109-110頁。
20　金子前掲注1書663-664頁参照。

一方、固定資産税の評価実務において根拠とされる固定資産評価基準について、地方税法では、総務大臣は、固定資産の評価の基準並びに評価の実施の方法及び手続（固定資産評価基準）を定め、これを告示しなければならないとされ（地法388①）、市町村長は、固定資産評価基準によって、固定資産の価格を決定しなければならないとされている（地法403①）。

　固定資産評価基準の法的意義について、学説上は、一種の委任立法であり、補充立法であると解されている[21]。裁判例では、「固定資産評価基準は、総務大臣が地方税法の委任を受けて定めて告示するものである（中略）から、<u>それ自体租税法規の一部を構成するものと解され（下線部筆者）</u>る」とされている（東京地裁平成24年1月25日判決・判タ1387号171頁、同様に法的拘束力があると解すものとして、最高裁昭和61年12月11日判決・判時1225号58頁）。

　固定資産の評価基準として「固定資産評価基準」が定められ、それに基づき評価をするのは、判例上、全国一律の統一的な評価基準による評価によって、各市町村全体の評価の均衡を図り、評価者の個人差による評価の不均衡を解消するためとされている（最高裁平成15年6月26日判決・判時1830号29頁）。

　なお、固定資産税と不動産取得税とは、土地及び家屋について、同一の課税客体を同一の基準、すなわち固定資産評価基準によって評価することとなる。

1-6-6　固定資産評価基準の歴史

　固定資産評価基準の導入に先立って、昭和36年3月に内閣総理大臣の諮問機関である「固定資産評価制度調査会」が答申を出し、そのなかで、「固定資産の評価の適正均衡を確保するためには、全市町村を通じ、その評価は、統一された同一の評価方法によって行われるべきであり、固定資産の評価方法は、自治大臣が定め、市町村長が行う固定資産の価格の決定は、これによって行わなければならないものとすることに改めるべきである」という旨が謳われた。

　この内容が具体化されたものが「固定資産評価基準（昭和38年12月25日自治省告

21　金子前掲注1書716頁参照。金子名誉教授は、立法論としては、固定資産評価基準を法律または政省令で定めることも検討する価値があるとしている。金子前掲注1書716頁。

示第158号)」であり、昭和39年度から適用されている。

1-6-7 固定資産税評価額

　固定資産評価基準によれば、土地の評価は、売買実例価額を基準として評価する方法によるものとされている(固定資産評価基準第1章第3節二(一)1(2))。その意味するところは、現実の売買実例価額から特殊な要件に基づく要因を除去し、概ね正常と認められるものを基準として評価を行うという趣旨であると考えられる。

　固定資産税においては、土地に関して、こうして求められる「固定資産税評価額」により評価することとなり、相続税の評価目的で国税庁から公表されている「路線価[22]」を使用することはない。

22　相続税と固定資産税における「路線価」の違いについては、 1-9 参照のこと。

1-7 土地の評価

1-7-1 固定資産税における土地の意義

　固定資産税の課税対象となる課税客体は、土地、家屋及び償却資産の三類型の固定資産である（地法341一）。そのうちの「土地」について、地方税法では以下のものを挙げている（地法341二）。
① 田・畑
② 宅地
③ 塩田
④ 鉱泉地
⑤ 池沼
⑥ 山林
⑦ 牧場
⑧ 原野その他の土地

　上記は土地の種類を列挙したものに過ぎず、その意義については一般に、不動産登記法にいう意義、すなわち所有権等の私権（私法上の権利）の目的となり得る土地（不動産登記法3）と同義に解するとされている。

　なお、土地に定着する立木（マンションの植栽等）や畑で育っている野菜、埋蔵鉱物等については、固定資産税の課税目的では、このような立木等は土地には含まれない。したがって、固定資産税における土地の評価にあっては、立木等の価格（市場価格が小さくないケースもある）は土地の価格には含まれないこととなる。

1-7-2　マンションの敷地

　建売住宅の購入、ないし、土地の上に建物を建築するケースのいずれであっても、一戸建てを購入する場合には、土地と家屋をそれぞれ購入し、所有する(所有権の場合)ということを明確に意識することができる。

　それに対して、マンションにおいては、自らが住むこととなる建物部分を購入したということは明確に意識できても、土地部分を購入したということを意識しない方がいるかもしれない。しかし、マンションは一般に土地及び建物(専有部分)で構成され、マンションを購入すれば、土地(敷地権[23]ないし敷地利用権)及び建物(専有部分)を一括で購入したことになる。しかもマンションの場合、土地の所有権は敷地利用権で示されているが、当該敷地利用権は単独では処分(売却等)できず、原則として建物(専有部分)と一体で処分しなければならない取扱いとなっている(建物区分所有法22①)。

　このようなマンションの特徴は、マンションの登記簿をみればわかる。特に、昭和58年の建物区分所有法(建物の区分所有等に関する法律)の改正により、それまで別々に登記されていたマンションの土地及び建物の登記簿が、以下のように一体になったので、そのことがより明確にわかるかと思われる。

---

[23]　不動産登記法上、敷地利用権のうち登記された権利で専有部分と一体化されたものをいう(不動産登記法44①九)。

● マンションの登記事項証明書(例)

専有部分の家屋番号	2-3-101~2-3-113　2-3-201~2-3-214　2-3-301~2-3-314　2-3-401~2-3-414 2-3-501~2-3-514　2-3-601~2-3-614　2-3-701~2-3-814　2-3-901~2-3-914 2-3-1001~2-3-1012			
表　題　部　(一棟の建物の表示)		調製	余白	所在図番号　余白
所　　在	○○市△△町2番地3			余白
建物の名称	パークプラザ　2号館			余白
① 構　造	② 床　面　積　㎡			原因及びその日付〔登記の日付〕
鉄筋コンクリート造陸屋根10階建	1階　919　35 2階　910　69 3階　927　34 4階　927　34 5階　927　34 6階　927　34 7階　927　34 8階　927　34 9階　867　57 10階　806　10			〔平成7年3月16日〕

表　題　部　(敷地権の目的である土地の表示)					
①土地の符号	② 所　在　及　び　地　番		③地目	④地積　㎡	登　記　の　日　付
1	○○市△△町2番3		宅地	4585　60	平成7年3月16日

表　題　部　(専有部分の建物の表示)			不動産番号	123………
家屋番号	△△町2番3の201		余白	
建物の名称	201		余白	
① 種　類	② 構　造	③ 床　面　積　㎡	原因及びその日付〔登記の日付〕	
居宅	鉄筋コンクリート造1階建	2階部分　76　53	平成7年3月16日新築 〔平成7年3月20日〕	

表　題　部　(敷　地　権　の　表　示)				
①土地の符号	②敷地権の種類	③ 敷　地　権　の　割　合	原因及びその日付〔登記の日付〕	
1	所有権	1924216分の15932	平成7年2月24日敷地権 平成7年3月16日	
所　有　者	○○市□□町50番地1　　株式会社　△△不動産			

1-7-3 宅地の評価

固定資産税における土地、なかでも「宅地」の評価は、一般に、売買実例価額に基づき標準宅地の価格を求め、それを参照して各筆の宅地の評価を行う「標準地比準方式」が採用されている。

ここでいう「標準宅地」とは、商業、住宅、工業、観光（温泉街、門前仲見世、名勝地区等）といった宅地ごとの用途区分を行ったうえで、その各用途地区について、状況が相当に相違する地域ごとに選定された標準的な宅地をいう。

このような標準宅地の適正な時価を求める場合には、平成6年度の評価替えから、地価公示価格及び不動産鑑定士等による鑑定評価から求められた価格等を活用することとし、これらの価格の7割を目途として評定するものとされている（固定資産評価基準第1章第12節一）。

1-7-4 市街地的形態を形成している地域における宅地の評価

固定資産税の課税客体である固定資産の評価方法を定めた「固定資産評価基準」においては、宅地の評価方法として「市街地宅地評価法」と「その他の宅地評価法」の2種類の方法が定められている（固定資産評価基準第1章第3節二）。

このうちの「市街地宅地評価法」とは、主として市街地的形態を形成している地域における宅地の評価に用いられる方法である。市街地宅地評価法に基づく宅地の評価手順は、概ね以下のとおりとなる（固定資産評価基準第1章第3節二（一））。

① 宅地を商業地区、住宅地区、工業地区、観光地区等といった用途地区に区分する。
② 上記用途地区について、状況が相当に相違する地域ごとに標準宅地を選定する。
③ 上記標準宅地について、地価公示価格や不動産鑑定士等による鑑定評価から求められた価格等を基準に、その7割を目途に適正な時価を求める。次に、当該時価に基づいて、標準宅地の沿接する主要な街路について路線価を付設する。

④ 上記路線価を基礎として、画地計算法を適用して、各筆の宅地の評点数を付設する。

なお、上記④の「画地計算法」とは、宅地の奥行、間口、形状、街路との状況等をその評価に具体的に反映させるために行う補正方法をいい、固定資産評価基準別表第3に定められている。当該評価手法は、基本的に、相続税における財産評価基本通達に定められた画地補正（同通達付表1～8）とほぼ同じものであると考えられる。

1-7-5　市街地的形態を形成するに至らない地域における宅地の評価

宅地の評価方法のうちの「その他の宅地評価法」とは、主として市街地的形態を形成するに至らない地域における宅地の評価に用いられる方法である。その他の宅地評価法に基づく宅地の評価手順は、概ね以下のとおりとなる（固定資産評価基準第1章第3節二（二））。

① 宅地の沿接する道路の状況、公共施設等の接近の状況、家屋の疎密度その他宅地の利便性等を総合的に考慮し、概ねその状況が類似している地区（状況類似地区）ごとに区分する。
② 上記状況類似地区ごとに標準宅地を選定する。
③ 上記標準宅地について、地価公示価格や不動産鑑定士等による鑑定評価から求められた価格等を基準に、その7割を目途に適正な時価を求める。次に、当該時価に基づいて評点数を付設する。
④ 標準宅地の評点数に比準して、状況類似地区内の各筆の宅地の評点数を付設する。

1-7-6　住宅用地の意義

固定資産税における「住宅用地」とは、賦課期日（毎年1月1日）現在において、次のいずれかに該当するものをいう（地令52の11）。
① 専用住宅（専ら人の居住の用に供する家屋）の敷地の用に供されている土地で、

その上に存在する家屋の総床面積の10倍までの土地
② 併用住宅（その一部を人の居住の用に供されている家屋で、その家屋の床面積に対する居住部分の割合（住宅用地の割合）が4分の1以上あるもの）の敷地の用に供されている土地のうち、その面積に下表の率を乗じて得た面積（住宅用地の面積がその上に存在する家屋の床面積の10倍を超えているときは、床面積の10倍の面積に下表の率を乗じた面積）に相当する土地

なお、併用住宅における「住宅用地の割合」は、以下のとおり算出される。

● 住宅用地の割合

家屋の種類	居住部分の割合	住宅用地の割合
下記以外の家屋	4分の1以上2分の1未満	0.5
	2分の1以上	1.0
地上階数5以上の耐火建築物である併用住宅等	4分の1以上2分の1未満	0.5
	2分の1以上4分の3未満	0.75
	4分の3以上	1.0

　住宅用地の具体例としては、住宅用家屋（専用住宅・アパート等）の敷地、住宅用家屋の敷地と一体となっている庭・自家用駐車場等が該当する。
　一方、非住宅用地としては、業務用家屋（店舗、事務所、工場、倉庫、旅館等）の敷地、駐車場、資材置場、空地（住宅建築予定地を含む）、住宅建築中の土地等がその例となります。

1-7-7　住宅用地の特例措置

　住宅用地に対する固定資産税については、新築住宅に対する措置と同様に、住宅取得を促進するといった住宅政策に資する見地から、課税標準を大幅に縮減し税負担を軽減する特例措置が講じられている（地法349の3の2）。その内容は以下の表のとおりまとめられる。

● 住宅用地の特例措置

住宅用地の区分	課税標準の特例の内容
(一般)住宅用地	課税標準となるべき価格を3分の1に圧縮
小規模住宅用地	課税標準となるべき価格を6分の1に圧縮

　上記表のうち、「小規模住宅用地」とは、以下の表に掲げるような住宅用地をいう（地法349の3の2②、地令52の12、地規12の2）。

● 小規模住宅用地の要件

住宅用地の区分	小規模住宅用地の該当性
住宅用地でその面積が200㎡以下のもの	小規模住宅用地に該当
住宅用地でその面積が200㎡を超えるもののうち、住居1戸当たりの住宅用地の面積が200㎡以下のもの	小規模住宅用地に該当
住宅用地でその面積が200㎡を超えるもののうち、住居1戸当たりの住宅用地の面積が200㎡を超えるもの	200㎡に当該住居の数を乗じて得た面積に相当する部分が小規模住宅用地に該当

　なお、併用住宅の場合における、特例対象住宅用地の算定方法は以下のとおりとなる。
＜事例＞
・土地の地積：400㎡
・併用住宅（5階建て耐火建築物）の床面積：500㎡（うち居住部分300㎡）
　居住部分の割合＝300㎡÷500㎡＝0.6（居住部分の割合が2分の1以上4分の3未満に該当）⇒0.75（住宅用地の割合）
　特例の対象となる住宅用地の面積＝400㎡×0.75＝300㎡
　ところで、小規模住宅用地の特例については、かねてから住宅地を過度に優遇しているといった強い批判がなされてきたことから、平成27年度に不公平税制

是正の観点から、経過的な措置を講じたうえで廃止が検討される予定であった。しかし、実際には、空家問題に対処するため、空家等対策の推進に関する特別措置法に基づく市町村長の勧告の対象となった特定空家等に係る土地について、住宅用地の課税の特例から除外する措置が講じられるにとどまった（地法349の3の2）。

1-8 家屋の評価

1-8-1 固定資産税における家屋の意義

　固定資産税の課税客体となる「家屋」は、住屋、店舗、工場（発電所及び変電所を含む）、倉庫その他の「建物」をいう（地法341三）。また、固定資産税における「家屋」の意義は、一般に、不動産登記法の「建物」の意義と同じであると解されている（取扱通知（市）第3章第1節第1の2参照）。

　したがって、固定資産税の課税客体となる「家屋」は、基本的に「建物」と同義であると考えられる。

1-8-2 家屋と償却資産の区分

　ある建造物が家屋であるか償却資産であるかは、それが一戸建て、マンション、オフィスビル、工場建屋等であれば問題なく家屋であると判定できるものと思われるが、屋根付きサッカー競技場の観客席、商店街のアーケード、地下駐車場のように、家屋なのか構築物の一部（償却資産）なのか判断に迷うものも少なくないところである。

　この場合の判断基準としては、一般に、以下で示されるような不動産登記法の例示に従うものとされている（不動産登記事務取扱手続準則第77条（1）（2））。

建物（家屋）として取り扱うもの	建物（家屋）として取り扱われないもの
① 停車場の乗降場または荷物積降場（上屋を有する部分に限る）	① ガスタンク、石油タンクまたは給水タンク
② 野球場または競馬場の観覧席（屋根を有する部分に限る）	② 機械の上に建設した建造物（地上に基脚を有し、または支柱を施したものを除く）
③ ガード下を利用して築造した店舗、倉庫等の建造物	③ 浮船を利用したもの（固定しているものを除く）
④ 地下停車場、地下駐車場または地下の建造物	④ アーケード付街路（公衆用道路上に屋根覆を施した部分）
⑤ 園芸または農耕用の温床施設（半永久的な建造物と認められるものに限る）	⑤ 容易に運搬することができる切符売場または入場券売場等

1-8-3　建築設備の取扱い

　家屋で使用されている設備機器のなかには、エネファーム（東京ガス等のガス会社が出している電気とお湯とを同時に作り出す家庭用のエネルギー機器）やエコキュート（オール電化住宅で使用されるヒートポンプ給湯器）といった、家屋と構造上一体となって使用される設備（建築設備）がある。

● エネファームの概念図

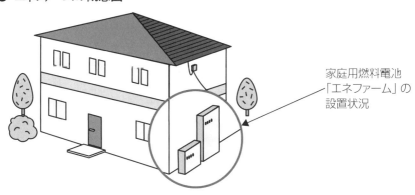

家庭用燃料電池「エネファーム」の設置状況

このような建築設備については、固定資産評価基準によれば、家屋の所有者が所有する以下の建築設備について、それが家屋に取り付けられ、家屋と構造上一体となって家屋自体の効用（利便性）を高める場合には、家屋に含めて評価するものとされているが（固定資産評価基準第2章第1節七）、このような建築設備は、固定資産税の課税客体となる「家屋」に含まれる。

① 電気設備
② ガス設備
③ 給水設備
④ 排水設備
⑤ 衛生設備
⑥ 冷暖房設備
⑦ 空調設備
⑧ 防災設備
⑨ 運搬設備
⑩ 清掃設備　等

　なお、病院における非常用自家発電設備のように、業務の用に供されるものについては、上記の家屋に含めて評価する建築設備には該当せず、「償却資産」となる。

1-8-4　固定資産の価格の登録

　固定資産税の課税標準は固定資産の価格であるが、その価格は固定資産課税台帳に登録されている（地法381）。また、市町村は、家屋のみならず固定資産の価格を明らかにするため、固定資産課税台帳を備えることが求められている（地法380①）。

1-8-5　家屋の評価

　固定資産評価基準によれば、固定資産税における家屋の評価は、「再建築価

格方式」によることとされている（固定資産評価基準第2章第1節二）。ここでいう「再建築価格」とは、一般に、同じ家屋を評価時に新築するとした場合に必要となる建築費をいう。再建築価格方式を利用した家屋の評価方法によれば、原則として、建築に使用された部材ごとに定められた価格（再建築評点数）を積み上げて評価額を算定することとなる。

　再建築価格方式を利用した家屋の評価額は、その家屋の取得価格や実際の建築工事費とは異なるのが通例である。

1-8-6　固定資産課税台帳の種類

　固定資産課税台帳とは、以下の5種類の台帳を総称したものである（地法341九）。

① 土地課税台帳
② 土地補充課税台帳 　　　　　 土地に係る台帳
③ 家屋課税台帳
④ 家屋補充課税台帳 　　　　　 家屋に係る台帳
⑤ 償却資産課税台帳 ←―――― 償却資産に係る台帳

1-8-7　固定資産課税台帳と固定資産の価格

　固定資産課税台帳には様々な登録事項があるが、台帳別の価格に関する登録事項は以下のとおりである（地法381①〜⑤）。

① 土地課税台帳
② 土地補充課税台帳 　　　　　 基準年度の価格または比準価格
③ 家屋課税台帳
④ 家屋補充課税台帳 　　　　　 基準年度の価格または比準価格
⑤ 償却資産課税台帳 ←―――― 価格

　土地及び家屋については、基準年度の価格または比準価格が登録事項となっているが、これは、土地及び家屋についてはその評価が3年に一度行われてお

り、評価替えを行った年度(基準年度)の価格を3年間にわたり据え置くのが原則であるということによるものである(地法349①～③)。

また、比準価格とは、その土地または家屋に類似する土地または家屋の基準年度に比準する価格をいい、基準年度の価格を原則と通りその翌年及び翌々年にも使用すると不適当と考えられるケースにおいて用いられる価格である(地法349②③)。

なお、償却資産の価格は「適正な時価」であるが(地法341五)、原則として減価償却という手続により求められる帳簿価格を当該「価格」としており、土地や家屋のように3年間据え置くというのは実態に合わないため、毎年見直されている(地法349の2)。

1-8-8 納税通知書による価格の把握

固定資産課税台帳に登録された固定資産の価格は、各市町村に出向いて、以下のような「固定資産課税台帳登録事項証明書」の交付を受けることで確認することができる。

● 固定資産課税台帳登録事項証明書の例

資産の種類	所在地名 地番	地目 登記 課税	家屋種類	地積又は床面積 登記 課税	家屋番号	評価額 備考	課税標準額 固定資産税 都市計画税	参考税額
全部事項証明							平成22年1月1日 現在 1/1	
所有者氏名(名称) デザイン住宅株式会社				所有者住所 富士市蓼原町1699				
土地	●町 123-4	宅地	宅地	123.45㎡	123.45㎡	9,876,543 円	6,543,210	6,543,210
								123,456
				㎡	㎡ 以下余白	円	円	
				㎡	㎡	円	円	
				㎡	㎡	円	円	

上記のとおり相違ないことを証明します。

市民課　平成22年●月●日　●●市長　□□ □□　印

ただし、手数料（1件当たり200円程度）を支払ってまで「固定資産課税台帳登録事項証明書」の交付を受けるケースは限られているものと考えられる。特に土地及び家屋の場合、一般的には、毎年送付される「固定資産税（都市計画税）納税通知書」中の「課税明細書」に記載された課税標準額等により価格を知ることとなるだろう。

1-8-9　新築住宅に対する減免措置

新築住宅に対して課される固定資産税については、住宅取得を促進し住宅産業を振興するといった住宅政策に資する見地から、新築当初における固定資産税の額が軽減される特例措置が導入されている。

すなわち、平成30年3月31日までの間に新築された住宅が以下の床面積要件を満たす場合には、新たに固定資産税が課されることとなった年度から3年度分につき、固定資産税が2分の1に減額される（地法附則15の6①、地令附則12②③）。

● 新築住宅の床面積要件

一戸建住宅	併用住宅	共同住宅	区分所有の住宅
床面積	居住部分の床面積（居住部分の床面積が全体の2分の1以上であること）	独立的に区画された居住部分の床面積に、共用部分の床面積を按分し加えた床面積	専有部分のうち居住部分の床面積に、共用部分の床面積を按分し、加えた床面積（専有部分のうち居住部分が、その専有部分の2分の1以上であること）
50㎡以上280㎡以下	50㎡以上280㎡以下	50㎡（貸家の場合40㎡）以上280㎡以下	50㎡（貸家の場合40㎡）以上280㎡以下

また、平成30年3月31日までの間に新築された中高層耐火建築物で、上記表の床面積要件を満たすものは、新たに固定資産税が課されることとなった年

度から 5 年度分につき、固定資産税が 2 分の 1 に減額される（地法附則15の 6 ②、地令附則12②③）。

ここでいう「中高層耐火建築物」とは、主要構造部を耐火構造または準耐火構造等とした建築物で、地上階数が 3 以上（ 3 階建以上）のものをいう（地法附則15の 6 ②）。

なお、 3 階建以上の木造家屋のうち、準耐火建築物に該当するものは、市町村が木造準耐火建築物であることの確認を行うため、「建築確認申請書（写）」及び「検査済証（写）」または「建設住宅性能評価書」を添付した「固定資産税減額申告書」の提出を求められることがある。

さらに、平成30年 3 月31日までの間に新築された認定長期優良住宅については、前頁表の床面積の要件を満たす場合は、新たに課税される年度から 5 年度分（ 3 階建以上の耐火・準耐火建築物は 7 年度分）に限り、当該住宅に係る固定資産税額（居住部分で 1 戸あたり120㎡相当分までを限度）が 2 分の 1 に減額される（認定長期優良住宅に対する減額措置、地法附則15の 7 ①②）。

ここでいう「認定長期優良住宅」とは、長期優良住宅の普及の促進に関する法律第10条第 2 号に規定する市町村または都道府県知事の認定を受けた長期優良住宅を指す。

なお、この特例の適用を受けるためには、当該認定長期優良住宅に対して新たに固定資産税が課されることとなる年度の初日が属する年の 1 月31日までに、「長期優良住宅建築等計画の認定通知書」もしくは「変更認定通知書」または「地位承継の承認通知書」の写しを添付して、市町村に申告書を提出する必要がある（地法附則15の 7 ③）。

1-9 固定資産税と路線価

1-9-1　公的評価の概要

　土地については、俗に「一物五価」といわれることがある。これは公的評価が4種類あるうえ、それに実勢価格も加えると計5種類の価格があることを意味するものである。公的評価による「地価」とは、一般に以下の四つを指す。

① **公示地価**
　地価公示法に基づいて、国土交通省が毎年1月1日現在の標準地の正常地価として公表するものをいう。

② **基準地価**
　都道府県知事が国土利用計画法施行令に基づき調査して公表する標準の地価をいい、都道府県地価調査ともいう。
　基準地価は、①の公示地価と重なる部分が多いが、相違点としては、公示地価が都市計画区域内の土地に限定しているのに対し、基準地価は都市計画区域外の土地も調査対象地として含んでおり、公示地価よりも広い範囲が対象になっているという点が挙げられる。
　とはいえ、趣旨や目的の大部分が重なるため、縦割り行政の無駄を省く意味でも、①・②のいずれか一本に統合するのが理に適っているものと考えられる。

③ **路線価**（相続税・贈与税）
　国税庁が毎年7月頃に公表する地価であり、相続税や贈与税を算定する際の基準となるものである。

④ **固定資産税評価額**
　各市町村が固定資産税課税の際の基準として定めるものが固定資産税評価額である。
　これらの地価を比較すると、次頁の表のようになる。

● 公的評価による地価の比較

	公示地価	基準地価	路線価	固定資産税評価額
根拠法	地価公示法	国土利用計画法施行令9条	相続税法	地方税法
目的	・一般の土地取引の指標 ・鑑定士の鑑定評価の規準 ・公共用地の取引価格算定の基準	・国土利用計画法による価格審査の基準 ・国土利用計画法に基づく土地の買取価格算定の基準	・相続税及び贈与税の課税目的	・固定資産税（土地）の課税目的
評価機関	国土交通省土地鑑定委員会	都道府県知事	国税局長	市町村長
価格時点	毎年1月1日	毎年7月1日	毎年1月1日	1月1日 （3年ごと）
標準地数	25,270地点 （平成28年）	21,675地点 （平成28年）	約28,000地点 （平成24年）	約44万地点 （平成24年）

1-9-2 固定資産税の7割評価

　従来、固定資産税に関する土地の評価には不動産鑑定士による評価は活用されていなかったが、バブル期の地価高騰により、公示地価と固定資産税評価額との間に大きな乖離が生じてきた。そこで、平成6年度の評価替えから、評価の一元化を行い、公的評価の均衡と信頼性の向上を図るために、不動産鑑定士による鑑定評価が活用されるようになった。

　平成6年度の評価替えでは、同時に、土地の固定資産税評価額は公示地価の7割を目途に評価することとされた（固定資産評価基準第1章第12節一）。

　なお、相続税に関する土地の評価基準となる路線価は、地価公示価格水準の8割程度とされている（平成4年度税制改正の要綱等[24]）。

24　大蔵省編『平成4年度改正税法のすべて』235頁参照。

1-9-3 7割評価の根拠

　土地の固定資産税評価額を公示地価の7割を目途に評価することとされるようになった根拠としては、(一財)資産評価システム研究センターの調査報告書(平成3年11月土地評価に関する調査研究)の記述が参考になる。当該報告書によれば、以下の三点から7割評価の合理性が実証的に認められるとされている。
① 地価公示価格の一定割合を控除して固定資産税評価額とすることに合理性が認められるとともに、統計上、地価公示価格に対する収益価格の割合が平均的には概ね7割程度の水準である。
② 土地、家屋及び償却資産間の評価の均衡は、固定資産評価制度調査会答申が謳うところであるが、家屋については再建築価格の取得価額に対する割合が木造家屋で6割程度、非木造家屋で7割程度となっており、土地の評価水準を地価公示価格の6割から7割程度とすることは妥当なものと考えられる。
③ 昭和50年代初頭から中ごろにかけての地価安定期において、固定資産税における土地評価の地価公示価格に対する割合をみてみると、概ね7割程度の水準であったことから、土地の評価水準を地価公示価格の7割程度とすることは妥当なものと考えられる。

1-9-4 固定資産税の路線価

　固定資産税の路線価とは、市街地宅地評価法(1-7-4 参照)において、街路に沿接する標準的な土地の単位地積(1㎡)当たりの価格を千円単位表示したものである。その他の宅地評価法の場合には、路線価ではなく各筆の宅地に評点数が付設されている。

1-9-5 路線価図の閲覧方法

　固定資産税の路線価図は、東京23区や大阪市等ではインターネットで公開さ

れており、(一財)資産評価システム研究センターのホームページの「全国地価マップ」から日本全国の路線価図を検索することができる。また、各市町村の資産税課等で閲覧することもできる。

固定資産税の路線価図の例は、以下のとおりである。

● 固定資産税の路線価図の例（東京都杉並区・平成27基準年度）

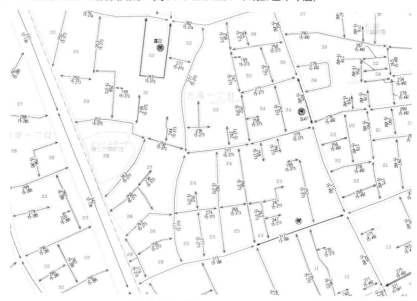

（注1）太字の矢印で示された路線が標準宅地に沿接する街路である。
（注2）杉並区の平成27年度修正率（修正率1）はいずれも1.000である。

1-9-6　固定資産税と相続税の路線価の違い

上記でみたとおり、固定資産税の路線価とは、街路に沿接する標準的な土地の単位地積（1㎡）当たりの価格を表示したものである。一方、相続税の路線価は、路線（道路）に面する標準的な宅地の1㎡当たりの価額（千円単位で表示）のことであり、路線価が定められている地域の土地等を評価する場合に用いられる。定義上は固定資産税の路線価と相続税の路線価とは非常に似ているが、次頁の表のとおり、いくつかの点で異なる。

● 固定資産税と相続税の路線価の違い

	固定資産税	相続税
評価のタイミング	原則として3年間据え置かれる	毎年評価替えがなされる
地価公示価格との関係	7割評価	8割評価
価格時点	基準年度の前年1月1日	毎年1月1日

　固定資産税の路線価は原則として3年間据え置かれるが、例えば、平成27基準年度の路線価は、価格調査基準日である平成26年1月1日時点の適正な時価を評定して付設される。
　なお、 1-9-5 で示した固定資産税の路線価図とほぼ同じ範囲の相続税の路線価図は、以下のとおりとなる。

● 相続税の路線価図の例（東京都杉並区・平成27年分）

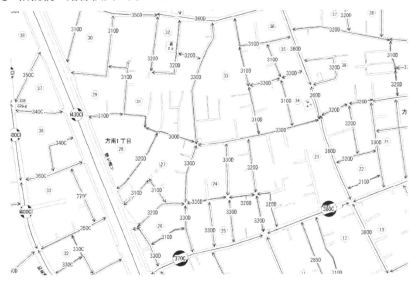

1-9-7　固定資産税と相続税の路線価の関係

　上記の図に関し、同一路線で固定資産税評価額と相続税評価額とを比較してみると、固定資産税評価額は概ね相続税評価額の8割程度となっている。

　固定資産税評価額と相続税評価額は地価公示価格のそれぞれ7割・8割評価であることを考えると、固定資産税評価額がやや低めになっているようにみえる。しかし、この時期において地価が上昇していることを勘案すると、毎年評価替えを行う路線価がやや高めに出ることはやむを得ないかもしれない。

1-10 償却資産の申告と課税

1-10-1 償却資産の意義

　固定資産税の課税客体である「償却資産」は、地方税法の規定上、土地及び家屋以外の事業の用に供することができる固定資産（事業用資産）で、その減価償却額または減価償却費が法人税法または所得税法の規定による所得の計算上損金（法人税の場合）または必要経費（所得税の場合）に算入されるもの（いわゆる減価償却資産）をいう（地法341四）。

　また、上記に類する資産で、法人税または所得税を課されない者が所有するものも償却資産に該当する（地法341四カッコ書）。その意味するところは、非営利法人等のように法人税または所得税を課されない者が所有する資産であっても、（有形）減価償却資産は償却資産に該当するというものである。

1-10-2 償却資産に該当しない資産

　減価償却資産であっても、以下の資産は償却資産には該当しない。
① 無形減価償却資産
　鉱業権、漁業権、特許権その他の無形減価償却資産は、償却資産から除かれている（地法341四カッコ書）。

　無形減価償却資産が償却資産から除かれているのは、一般に、固定資産税の課税客体は行政サービスと事業活動との受益関係（応益課税の原則）をベースにしているものとされているところ、無形減価償却資産は行政サービスとの受益関係が必ずしも明確ではないことがその根拠とされている。資産の実在性の有無が取扱いの差に表れているものと解することができるだろう。

② **少額償却資産**

有形減価償却資産であっても、以下のものについては、「少額償却資産」として償却資産から除かれている（地法341四、地令49）。

① 耐用年数1年未満または取得価額が10万円未満の減価償却資産で、法人税法または所得税法の規定による所得の計算上一時に損金または必要経費に算入しているもの（少額減価償却資産、法令133、所令138）

② 取得価額が20万円未満の減価償却資産で、法人税法または所得税法の規定により一括して3年間で減価償却を行うことを選択したもの（一括償却資産、法令133の2①、所令139①）

③ 取得価額20万円未満のリース資産（法法64の2①、所法67の2①）

③ **自動車税及び軽自動車税の課税対象資産**

自動車税の課税客体である自動車及び軽自動車税の課税客体である原動機付き自転車、軽自動車、小型特殊自動車及び二輪の小型自動車は、本来は償却資産に該当すべきものであるが、自動車税・軽自動車税と固定資産税との二重課税を回避する趣旨により、償却資産から除かれている（地法341四但書）。

④ **牛馬、果樹その他の生物**

法人税法及び所得税法上は、牛馬、果樹その他の生物であっても、成熟したものは時の経過とともに減価するため、減価償却資産に該当する。しかし、固定資産税においては、その資産の性格に鑑み、観賞用や興行用に供する生物を除き、原則として課税客体から除外している（取扱通知（市）第3章第1節第1、5但書）。

1-10-3 償却資産の申告義務

固定資産税の納税義務者は、原則として、賦課期日である1月1日における固定資産の所有者となるが、これを所有者課税主義という（地法343①、359）。

所有者課税主義の場合、誰が「所有者」であるのかが問題となるが、地方税法上、固定資産税課税台帳に登録された者を所有者としている（地法343②）。償却資産の場合、償却資産課税台帳に所有者として登録されている者がその所有

者となる（地法343③）。

　このような償却資産の所有者は、賦課期日である毎年1月1日における当該償却資産について、償却資産課税台帳への登録が必要な以下の事項（地法381⑤）を同年1月31日までに、当該償却資産の所在地の市町村長（特別区の場合は東京都知事）に申告する義務がある（地法383①）。
① 償却資産の所有者の住所
② 償却資産の所有者の氏名または名称
③ 償却資産の所在地
④ 償却資産の種類及び数量
⑤ 償却資産の価格

1-10-4　償却資産の申告義務の特例

　ただし、以下の償却資産については、申告先が市町村長ではなく都道府県知事または総務大臣となる。
① 移動性償却資産または可動性償却資産で二以上の市町村にわたって使用されるもの（地法389①一）
　ア．当該償却資産が一つの都道府県内に所在する場合
　　⇒所在地の都道府県知事
　イ．当該償却資産が二以上の都道府県内にわたって所在する場合
　　⇒総務大臣
② 鉄道、軌道、発電、送電、配電もしくは電気通信の用に供する償却資産または二以上の市町村にわたって所在する償却資産でその全体を一つの償却資産として評価しなければ適正な評価ができないと認められるもの（地法389①二）
　ア．当該償却資産が一つの都道府県内に所在する場合
　　⇒所在地の都道府県知事
　イ．当該償却資産が二以上の都道府県内にわたって所在する場合
　　⇒総務大臣

③ 指定大規模償却資産（総務大臣が指定するものを除く、地法742①）
　　⇒所在地の都道府県知事

1-10-5　償却資産に係る「事業の用に供する」要件

　固定資産税の課税客体のうち、土地及び家屋は事業の用に供していなくても課税されるが、償却資産は事業の用に供するということが要件となる（地法341四）。したがって、例えば、自宅に設置されたエアコン（12畳用で20万円とする）は、その金額にかかわらず固定資産税の課税対象とはならない。

　ここでいう「事業」とは、一般に、一定の目的のために一定の行為を継続・反復して行うことをいう。また、「事業」は、必ずしも営利または収益を得ることを直接の目的とすることを意味するわけではない。

　「事業の用に供する」とは、事業を行う者の本来業務の用に資産を直接使用することのみならず、その事業につき直接・間接に資産を使用することをも指す。したがって、法人の福利厚生用施設である食堂の什器や診療所内の医療機器、トレーニング機器といったものも固定資産税の課税客体である償却資産に該当し、固定資産税が課税される（昭和26年8月2日地財委税第1262号市町村税課長回答（高知市長照会））。

　もっとも、事業の用に供するとは、現に事業の用に供されている必要はなく、未稼働の償却資産であっても、事業の用に供する目的で取得し、かつ事業の用に供し得るものである場合には、固定資産税の課税客体である償却資産に該当すると考えられる[25]。また、以下の点も要注意である。

① リース資産

　「事業の用に供する」には、所有者自らが本来の事業の用に供する場合以外に、資産を他の者に貸し付けて、その者が当該資産を事業の用に供し、あるいは、事業の用に供することができる状態にある場合も含まれる。例えば、リース業者が貸し付けるリース資産の場合、リース先で事業の用に供していない場合で

---

[25] 金子前掲注1書703頁参照。

あっても、リース業者が当該リース資産を貸付事業の用に供しているため、固定資産税の課税客体である償却資産に該当するものと取り扱われる。

② 棚卸資産

さらに、事業の用に供することができる資産からは、棚卸資産が除外される（取扱通知（市）第3章第1節第1．4）。したがって、購入後倉庫に保管されているような工具・器具・備品は棚卸資産のなかの「貯蔵品」に該当すると考えられるので、固定資産税の課税客体である償却資産には該当しない。

③ 清算中の法人が所有する資産

なお、清算中の法人は、事業活動を行うことができないため、その所有する資産は事業の用に供することができる資産には該当せず、固定資産税の課税客体である償却資産にも該当しない。ただし、清算中の法人が清算事務の用に供している資産は、固定資産税の課税客体である償却資産に該当するので、注意を要する。

1-10-6　相続により取得した償却資産の申告

被相続人が事業を行っていた場合で、相続人が引き続きその事業を承継する場合、被相続人が事業の用に供していた償却資産を取得することがある。この場合、被相続人の取得年月、取得価額及び耐用年数を引き継いで申告することとなる。

一方、被相続人が事業の用に供していた償却資産が、相続の結果複数の相続人による共有となった場合には、持分に応じてそれぞれの相続人が申告書を作成し提出するのではなく、相続人のうち代表者を決定し、「代表者氏名　外2名」といった形で、共有名義で1枚の申告書を作成し提出することとなる。

1-10-7　法人税・所得税の減価償却との差異

固定資産税のうち償却資産に関するもの（いわゆる償却資産税）は、地方税法における規定ぶり、すなわち、「減価償却額又は減価償却費が法人税法又は所得

税法の規定による所得の計算上損金又は必要な経費に算入されるもの」(地法341四)からみて、基本的に国税である所得税・法人税の減価償却及び減価償却資産の規定に準拠しているものと考えられる。

とはいえ、両者の間には以下の表でみるとおり微妙な相違点があるので、注意を要する。

● 所得税・法人税の減価償却と償却資産税の減価償却との主たる相違点

項　目	所得税・法人税	償却資産税
減価償却計算の基準日	事業年度末	賦課期日(1月1日)
減価償却の計算期間	事業年度	暦年
減価償却の方法	定額法又は定率法の選択	定率法
新規取得資産の償却	月割償却	半年償却(2分の1)
圧縮記帳	あり	なし
特別償却及び割増償却 (租税特別措置法)	あり	なし
評価額の最低限度	備忘価格1円	取得価額または改良費の100分の5
中小企業者の少額資産の損金算入の特例	あり	なし

1-11 都市計画税とは

1-11-1 都市計画税の意義

　都市計画税とは、都市整備等の費用に充てるために導入された市町村税の(受益者負担的)目的税で、原則として都市計画法による市街化区域内[26]に所在する土地・家屋の所有者として、毎年1月1日(賦課期日)現在、固定資産課税台帳に登録されている者に課税される[27](地法702①)。

　なお、固定資産税と同様に、東京23区(特別区)は都が都市計画税を課税する(地法735①、734①)。

1-11-2 都市計画税の課税客体と税率

都市計画税の課税客体と税率は以下のとおりである。

① 土地

　　　土地の課税標準×0.3%

② 家屋

　　　家屋の課税標準×0.3%

　上記算式中の「課税標準」は、固定資産税と同一で、賦課期日である1月1

---

[26] 市街化調整区域であっても、都市計画税を課さないことが著しく均衡を失すると認められる特別の事情がある場合には、例外的に課されることがある。

[27] 市街化区域を有していても都市計画税を課すかどうかは市町村の任意である。そのため、浦安市や鴨川市のように、市街化区域を有していても都市計画税を課していない自治体が存在する。

日現在、固定資産課税台帳に登録されている「価格」である（地法702②）。

ただし、固定資産税と異なり、償却資産は都市計画税の課税客体から除かれている。

なお、都市計画税の税率は0.3%[28]を超えることはできない（制限税率、地法702の4）。

〔事例〕
・都市計画税課税標準額（土地）：8,850,000円
・税率：0.3%

都市計画税額＝8,850,000円×0.3%＝26,550円⇒26,500円（百円未満切捨）

1-11-3　都市計画税の納税義務者

都市計画税の納税義務者は、1月1日現在、土地、家屋の所有者として、固定資産課税台帳に登録されている者である（地法702②）。すなわち、固定資産税と同一である。

1-11-4　都市計画税の納付時期と方法

都市計画税の納付時期は4月（第1期）、7月（第2期）、12月（第3期）、2月（第4期）の年4回で、第1期の納付月に送付される納税通知書によって、各納期限までに納付する（地法702の7①）。なお東京都の場合、都市計画税の納付時期は6月（第1期）、9月（第2期）、12月（第3期）、2月（第4期）の年4回で、各期の納期限は末日である（都税条例129）。

都市計画税は土地、家屋の固定資産税とあわせて課税される。通常、納税通知書には、都市計画税と固定資産税の両方の税額が記載されている。

---

[28]　松戸市は0.23%、銚子市は0.2%、成田市は0.05%等、0.3%未満の市町村も存在する。

1-11-5 非課税の範囲

都市計画税の非課税の範囲は以下のとおりである。

① **人的非課税**[29]

以下に掲げる者は都市計画税が非課税とされている(地法702の2①)。

① 国
② 非課税独立行政法人
③ 国立大学法人等
④ 日本年金機構
⑤ 都道府県
⑥ 市町村
⑦ 特別区
⑧ 地方公共団体の組合
⑨ 財産区
⑩ 地方開発団体
⑪ 合併特例区
⑫ 地方独立行政法人

② **物的非課税及び免税点以下**

以下の規定により固定資産税を課すことができない土地または家屋は、都市計画税も非課税とされている(地法702の2②)。

・地方税法第348条第2項から第5項まで、第7項もしくは第9項または同法附則第14条(物的非課税)
・地方税法第351条(固定資産税の免税点以下)

---

29 人的非課税(人的課税除外)とは、一般に、その者の特殊性に配慮して非課税とすることをいう。また物的非課税(物的課税除外)とは、課税の対象とされている物や行為、事実のうち、特定のものを法令上課税の対象から外すことをいう。金子前掲注1書152、170-171頁参照。

1-11-6 都市計画税と固定資産税との比較

都市計画税と固定資産税とは非常に似た税目であるが、異なる点もあるので、両者を比較した表を以下に示しておく。

● 都市計画税と固定資産税との比較表

項　目	固定資産税	都市計画税
課税客体	土地、家屋、償却資産	土地、家屋
税金の性格	普通税	目的税
課税標準	課税客体の価格	課税客体の価格
納税義務者	課税客体の所有者	課税客体の所有者
税率	1.4％（標準税率）	0.3％（制限税率）
税収（平成28年度地方財政計画額）	8兆7,257億円	1兆2,492億円

1-11-7 都市計画税と都市計画

都市計画税は、都市計画事業または土地区画整理事業に要する費用に充てるため、市町村が都市計画区域内の一定の土地及び家屋に対して課す、受益者負担の目的税である。要するに都市計画税は、市町村が行う都市計画事業等により、市街地として積極的に開発・整備されることとなる都市計画区域内の土地及び家屋の価値が上昇し、その結果、当該土地及び家屋の担税力が増大するということがその課税根拠であるといえる。

しかし、近年、都市計画の理念が国の規制緩和の方針により歪められ、本来住宅等の開発が規制されるべき地域である市街化調整区域において宅地開発が進行しているという事例が日本全国でみられる。その結果、上下水道といったインフラの整備が遅れている市街化調整区域に、その整備のための税金（都市計画税を含む）が投入される一方で、昔からある市街化区域内の耐用年数を超えつつ

あるインフラの整備・更新が滞ることとなり、将来、市街化区域内に住み都市計画税を負担している住民の不満が顕在化することも懸念されるところである[30]。

　安易な規制緩和は都市計画税の課税根拠を揺るがすことにもなりかねないことを、自治体の関係者のみならず地域住民も、今一度認識すべきであろう。

30　当該視点から都市計画の重要性を解説するものとして、例えば、野澤千絵『老いる家　崩れる街　住宅過剰社会の末路』(講談社現代新書・2016年) 参照。

1-12　都市計画税の特例措置

1-12-1　都市計画税に係る住宅用地の特例措置

都市計画税においては、固定資産税と同様に、住宅用地について課税標準の特例措置が講じられている（地法702の3）。その内容は、以下のとおりである。

① 小規模住宅用地（住宅1戸あたり200㎡までの住宅用地）

価格の3分の1に軽減

② その他の住宅用地（住宅1戸あたり200㎡を超える部分の住宅用地で、家屋の床面積の10倍を限度とする）

価格の3分の2に軽減

1-12-2　固定資産税の軽減措置との比較

上記いずれについても、住宅用地に関する固定資産税の軽減措置（ 1-7-7 参照）の半分に縮減されている。これを表に示すと以下のとおりとなる。

● 住宅用地の特例措置

	固定資産税	都市計画税
小規模住宅用地	価格（評価額）の1／6	価格（評価額）の1／3
その他の住宅用地	価格（評価額）の1／3	価格（評価額）の2／3

1-13 固定資産税の争訟手続

1-13-1 固定資産税の争訟手続

　固定資産税の争訟手続に関しては、二つのルートがある。

　一つは固定資産の価格(固定資産課税台帳に登録された価格)に不服がある場合で、まず固定資産評価委員会に審査の申出を行う必要がある。もう一つは固定資産税の賦課等に関し不服がある場合で、このときは市町村長に対して審査請求を行うこととなる。

1-13-2 争訟手続その1：固定資産の価格に不服がある場合

　固定資産課税台帳に登録された価格に関する不服を審査決定するため、市町村には固定資産評価審査委員会という組織が設置されている(地法423①)。

　固定資産の価格に関してこのようなルートを経る理由として、判例では、「(地方税)法が、固定資産課税台帳の登録事項に関する不服申立の審査を、その評価と課税を行う市町村長から独立した第三者機関である固定資産評価審査委員会に委ねたのは、中立の立場にある委員会をして公正な審査を行わせ、もって、固定資産評価の客観的合理性を担保して納税者の権利保護を図るとともに、適正な税の賦課を実現しようとしたからにほかならず、かかる手続の性格は、簡易迅速な納税者の権利利益の救済と課税行政の適正化を図ることを目的とした行政救済手続である、と解することができる」とされている(仙台高裁平成9年10月29日判決・判時1656号62頁)。学説上も、争訟手続を限定した理由として、固定資産の価格を早期に確定させるためとされている[31]。

31　金子前掲注1書697頁。

なお、合議機関である固定資産評価審査委員会の委員の定員は3人以上で、当該市町村の住民、市町村税の納税義務がある者または学識経験者から、議会の議決を得て、市町村長が選任する(地法423③)。

1-13-3　審査の申出

① **審査の申出をすることができる者**

審査の申出ができる者(審査申出人)は、固定資産税の納税者に限られている(地法432①)。

② **審査の申出をすることができる事項**

審査の申出ができる事項は、固定資産課税台帳に登録された「価格」に限られる(地法432①)。平成30年度は基準年度に当たるため、すべての土地及び家屋について固定資産課税台帳に登録された価格が、審査の申出の対象となる。

なお、審査の決定に不服がある場合には、訴訟(取消の訴え)を提起することができる(地法434①)。

③ **審査の申出をすることができる期間**

固定資産課税台帳に登録された価格について不服がある場合は、固定資産課税台帳に固定資産の価格等のすべてを登録した旨の公示の日(東京都の場合、平成29年度は4月3日)から納税通知書の交付を受けた日後60日までの間に、固定資産評価審査委員会に対し文書により審査の申出をすることができる(旧地法432①)。

なお、行政不服審査法の改正に伴う地方税法の改正により、平成28年4月1日以降については、当該申出期間は3か月に延長されている(地法432①)。

④ **審査の申出の方法**

審査の申出は、審査申出書を各市町村固定資産評価審査委員会に提出(郵送可)して行う(地法432①)。

東京都の場合、審査申出書は、固定資産所在の都税事務所長を経由して提出(郵送可)することもできる。

⑤ 審査の決定

　固定資産評価審査委員会は、審査の申出がなされたときは、直ちに必要な調査や審査を行い、その申出を受けた日から30日以内に審査の決定を行わなければならない（地法433①）。

⑥ 固定資産税の評価に関する審査の申出制度のフローチャート

　固定資産税の評価に関する審査の申出制度のフローチャート（東京都の場合）を示すと以下のようになる。

● 固定資産税の評価に関する審査の申出制度のフローチャート（東京都の場合）

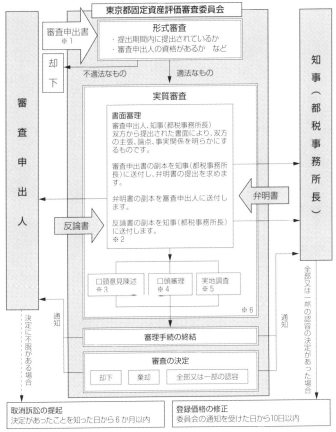

（出典）東京都主税局ホームページ

1-13-4 争訟手続その2：固定資産税の課税内容に不服がある場合

　国及び地方公共団体を含む行政庁の処分に関し、不服がある場合に係る救済手続については、行政不服審査法が制定されている。しかし、地方税の賦課徴収処分は、その性格上一般に、大量かつ反復して行われるものであるため、地方税法に特別の規定があり、その規定がないもののみ行政不服審査法の規定の適用を受けることとされている(地法19)。

　なお、従来は、市町村長の行う賦課決定処分に対する救済手続を「不服申立て」と呼んでいたが、行政不服審査法の改正に伴い、平成28年4月1日以降は「審査請求」と呼ぶようになった(行審法2、地法19)。

① **審査請求先**

　固定資産税の賦課決定処分に対する審査請求先は、市町村長がした処分に関しては市町村長となり、東京都知事がした処分(特別区の場合)に関しては東京都知事となる(審査請求)。

② **審査請求ができる期間**

　審査請求をすることができる期間は、従来、納税通知書の交付を受けた日の翌日から起算して60日以内だったが(旧行審法14①、45)、行政不服審査法の改正に伴い、平成28年4月1日以降については、当該請求期間は3か月に延長されている(行審法18①)。

③ **裁決**

　審査請求に対する裁決は、従来、その申立てを受理した日から30日以内にしなければならないとされていた(旧地法19の9)。しかし、行政不服審査法の改正に伴い標準審理期間の規定が設けられたため、平成28年4月1日以降については、地方税法上は、当該期間の規定はない(行審法16)。

④ **出訴**

　地方税の賦課等に関する処分についての訴訟については、地方税法に特別の規定があるものの他は、行政事件訴訟法の定めるところによるものとされている(地法19の11)。その規定によれば、審査請求の裁決に不服があるときは、その裁決があったことを知った日の翌日から6か月以内に、裁判所に取消訴訟を提

起することができることとされている（行訴法14）。

　また、地方税の賦課等に関する処分についての訴訟については、当該処分についての審査請求に対する裁決を経た後でない限り、提起することはできない（地法19の12）。ただし、審査請求があった日から3か月を経過しても裁決がない場合には、裁決を経ないでも訴訟を提起することができる（行訴法8②一）。

　なお、出訴があっても、固定資産税に係る徴収は、原則として停止されない（行訴法25①）。

⑤ **固定資産税の賦課決定処分に対する審査請求等の手続図**

　固定資産税の賦課決定処分に対する審査請求等の手続を図示すると、以下のとおりとなる。

● **固定資産税の賦課決定処分に対する審査請求等の手続**（平成28年4月1日以降）

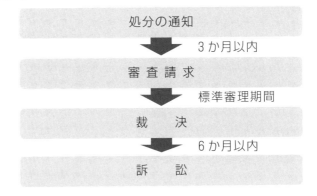

第2章

2-1 申告納税制度ではなく賦課課税制度である

2-1-1 申告納税制度と賦課課税制度

1-4 で説明したとおり、所得税や法人税は申告納税であるが、固定資産税は賦課課税となっている。それでは、そもそも賦課課税方式とはどういう課税方法なのであろうか。

納税者が負うべき納税義務は、各税法に規定された課税要件が充足されれば、一応成立する。しかし、納税義務を具体的に確定しそれを履行させるためには、税額を算定しそれを納付する手続を経る必要がある。このような手続を一般に租税確定手続というが、その方法には以下のとおり、申告納税方式と賦課課税方式の二種類がある[32]。

① 申告納税方式

申告納税方式とは、納付すべき税額が納税者の申告によって確定することを原則とし、申告がない場合や申告内容に問題があると認められる場合に限って、課税庁の更正または決定により税額が確定する方式をいう(国税の場合は通法16①一、地方税の場合は地法1①八(申告納付))。所得税、法人税、相続税、消費税のように、国税では申告納税方式が一般的であるが、地方税では法人住民税、法人事業税、地方消費税等限定的に採用されているだけである。

申告納税方式は納税者の自発的な申告行為 (第一次確定権としての納税申告権[33]) を前提とする、民主的な納税思想に基づく方法であると考えられる。

また、経済取引の多様化・国際化・複雑化、情報通信技術の発展により、それに対応すべく租税法規も複雑化しており、納税義務を確定するための基礎的な情報の収集には、基本的に自らのことを最もよく知る納税者自身の協力が不可

---

32 金子前掲注1書856−858頁。
33 谷口勢津夫『税法基本講義 (第5版)』(弘文堂・2016年) 116頁。

欠である。申告納税方式は、そのような自発的な協力を引き出す法的仕組みとして機能しているといえるだろう。

② 賦課課税方式

一方、賦課課税方式とは、納付すべき税額が専ら課税庁の行政処分によって確定する方式をいう（国税の場合は通法16①二、地方税の場合は地法1①七（普通徴収））。地方税では、固定資産税や都市計画税を含め、賦課課税方式が一般的である。

もっとも、賦課課税方式においても、納税者に課税標準を申告することが義務付けられている（通法31①）。このような申告行為は一般に課税標準申告と称され、申告納税制度における納税申告とは異なり、納税義務を確定させる法的効果はない[34]。賦課課税方式における課税庁の処分を賦課決定という（通法32）。

2-1-2 賦課課税方式と課税ミス

最近、固定資産税に関する市町村の課税ミスの報道が相次いでいる[35]。これは、固定資産税は賦課課税方式を採用しているが、仮に一度自治体が課税を誤った場合、納税者がそれに気付いて問題にしない限り、何十年もその是正がなされないまま放置されるためであると考えられる。しかも、地方税法による過徴収金の還付は5年間で時効であり（地法18の3）、重大な錯誤がある場合にようやくそれが5年を超える期間に延長される可能性があるに過ぎないため（地法417①）、市町村側のミスで30年間過徴収金があっても、全額戻ってこないケースがみられるという不合理が生じるのである[36]。

また、建物と一体になった内部造作は基本的に建物の評価額に含まれ、建物（家屋）の固定資産税（の一部）として課税されるが、建物を賃借するテナントがそ

---

34 谷口前掲注33書116頁。
35 例えば最近では、一人の男性に30年間、固定資産税と都市計画税に関し合計144万円過大に課税していた事案（山陽新聞デジタル2017年1月25日）等がある。
36 東京都の場合、都税事務所で管理保存する徴収履歴である徴収マスターにより納付の事実が確認できるときは請求のあった日から10年間、納税者が納税の事実を確認できる書類を提出できれば20年間、還付請求が可能である。東京都固定資産税及び都市計画税に係る還付不能額の返還等要領第3（還付不能額の返還）参照。

の事業のために取り付けた内部造作については、取り付けたテナントに対しその固定資産に関し償却資産税が課されることとなる。しかし、市町村によっては家屋と償却資産の担当者間の連絡が悪く、内部造作を家屋に含めて課税すると同時に当該内部造作を償却資産としても課税する、二重課税が発生する可能性が生じる。

さらに、小規模住宅用地の固定資産税の減税特例につき申告がなかった納税者につき、あえて特例を適用せず10年以上も放置した埼玉県八潮市の対応に関して、国家賠償法に基づく損害賠償請求権の消滅時効が争われた浦和地裁平成4年2月24日判決・判時1429号105頁で納税者が勝訴したことを受け、市町村が独自に「過徴収金返還要綱[37]」を作成し、5年を超える事案についても還付するケースも増えてきた。しかし、当該要綱は市町村内部の取決めに過ぎず、条例や規則のような法的拘束力はないため[38]、予算の範囲内でしか還付しないということも十分あり得る。また、すべての市町村が要綱を制定しているわけではないため、地域による不公平な取扱いも起こり得るという問題点を抱えている。

ここはやはり、総務省が音頭をとって全国統一的なガイドラインを策定し、それを基にした法的拘束力のある規定を制定するよう、各市町村に働きかけるべきであろう。

2-1-3　なぜ賦課課税方式なのか？

上記はある意味非常に恐ろしい現実であるといえるが、それでは、固定資産税や都市計画税に関し、賦課課税方式が採用されているのは一体何故なのだろうか。その理由は必ずしも明らかではないが、概ね以下の二つの理由があるものと考えられる。

① **大衆課税であるため**

固定資産税や都市計画税の課税客体は、その相当部分を土地及び家屋が占

---

[37] 例えば、大阪市は『市税に係る返還金要綱』を定め、最高20年分につき返還することを規定している。
[38] 金子前掲注1書106－107頁。

めるが[39]、当該土地及び家屋の保有者である納税義務者には、普段納税申告を行わず申告作業に不慣れなサラリーマンや年金生活者等が多いため、自らが課税の仕組みを理解しそれに基づいて申告を行う申告納税方式にするよりも、課税庁(市町村)が基本的にすべてのお膳立てを行って税額のみ通知する賦課課税方式にしたほうが、そのような納税者の便宜に適っているためではないかと考えられる。

ただし、これについては、申告納税にして多数の中小零細納税者を相手にするよりも、一方的に税額を確定し通知したほうが執行面でやりやすいという、市町村側の都合という側面のほうがむしろ強いといえるかもしれない。

② **課税対象資産の外形的把握が可能なため**

固定資産税や都市計画税の課税客体である土地・家屋は、その所有者は概ね登記により把握が可能であり、その評価も固定資産評価基準等により一律に行うことが可能であるため、市町村は大部分の課税物件に関し特に納税者からの申告を求めなくとも執行が可能であると考えられる。この点は、事業者が保有する有形固定資産を外形的に把握することが困難な償却資産(償却資産税)とは大きく異なるといえるだろう。

2-1-4 賦課課税方式から転換すべきなのか

賦課課税方式というものは、いわば行政が誤りをおかさない(無謬性)ということを前提にしたシステムであるとみることも可能である。しかし、現実には行政は誤りをおかし、しかも固定資産税の場合、それが発覚するまで相当の時間が経過しているため、納税者が被る被害は小さくない。

そのため、仮に、固定資産税についても賦課課税方式を破棄し、納税者が自らの物件を調査しそれに基づいて申告を行う申告納税制度に転換すれば、数十年にもわたって課税ミスが生じる等ということが起こるリスクは大幅に減じるであろう。しかし、固定資産税に関し、特に中小零細納税者が多数を占める土地及

---

[39] 税額ベースでは土地が全体の39.4%、建物が42.6%で、合わせて82%を占める。

び家屋について申告納税制度に転換することは、毎年の申告という新たな手間を負担することとなる納税者にとってメリットが小さく、また、その対応に追われ徴税コストが大幅に上がることも懸念される市町村側も、避けたい事態であろう。

とはいえ、おそらく現状の賦課課税制度を維持したままでは、今後も課税ミスは不可避であると思われる。それでは、どのような現実的な解決策が考えられるのであろうか。

まず、納税者に通知される「固定資産税・都市計画税納税通知書」に、現行よりも詳細な税額算定の計算根拠を示すという方策が考えられる。これにより、どのような特例措置の適用があるのか（ないのか）、評価額はいくらなのか、それが土地の場合どのような画地調整が行われているのか、といったことの概略を納税者が理解することができ、課税ミスが放置されるというような事態が大幅に減ることが期待される。

また、納税者の求めに応じ、市町村が行った土地・家屋ごとの評価方法の根拠を示す明細書を交付するという取組みを始めるということも考えられるだろう。要するに、市町村が納税者に対して、固定資産税課税に関する説明責任を適切に果たすということである。

固定資産税・都市計画税は市町村にとって欠くことのできない重要な税源であるが、残念ながらその信頼が揺らいでいるのが現状といえる。そこで、上記で示したように、「詳細な税額算定や評価方法の根拠を示す」ことで納税者が自分の納税額をチェックできるような仕組みが整備されれば、訴訟も減少し、納税者の信任を得た固定資産税・都市計画税となるものと考えられる。

2-1-5　評価額を確認するための方法：縦覧と閲覧

固定資産税の課税対象となっている固定資産の評価額が適正であるか、納税者自ら確認する方法に縦覧と閲覧がある。

① 縦覧

「縦覧」とは、固定資産税の納税者が、固定資産課税台帳に登録された自分の土地・家屋の価格と、同一市町村内の他の土地・家屋の価格とを比較すること

が可能となるように、当該市町村がその作成する帳簿（縦覧帳簿）を見ることができる状態にすることである（地法416①）。

縦覧期間は毎年4月1日から4月20日または当該年度の最初の納期限の日のいずれか遅い日以後の日までとされている（地法416①）。

② 閲覧

一方の「閲覧」とは、市町村長が、以下の表の左欄の者の求めに応じ、固定資産課税台帳のうちこれらの者に係る固定資産について記載されている部分として同表の右欄に掲げる部分をみせることである（地法382の2①、地令52の14）。

縦覧と閲覧の違いであるが、前者は同一市町村であれば自己所有の固定資産でなくても一定の期間であればみることができるのに対し、後者は期間に限定はないものの、みることができるのは所有者等に限定されるという点である。

● 閲覧制度の対象

閲覧を求めることができる者	対象固定資産
ア．固定資産税の納税義務者	当該納税義務者に係る固定資産
イ．土地について賃貸借その他の使用または収益を目的とする権利（対価が支払われるものに限る）を有する者	当該権利の目的である土地
ウ．家屋について賃貸借その他の使用または収益を目的とする権利（対価が支払われるものに限る）を有する者	当該権利の目的である家屋及びその敷地である土地
エ．固定資産の処分をする権利を有する一定の者	当該権利の目的である固定資産

上記ア．に関し、土地の賃借人はその土地について固定資産課税台帳の記載事項が閲覧できる。また、上記ウ．に関しては、家屋の賃借人についてはその建物と敷地それぞれについて、固定資産課税台帳の記載事項が閲覧できる。

さらに、上記ア．〜エ．に関し、固定資産課税台帳の記載事項については、証明書の交付を受けることができるので、必要に応じて活用したところである。以下は固定資産評価証明書の例である。

● 固定資産税評価証明書の例

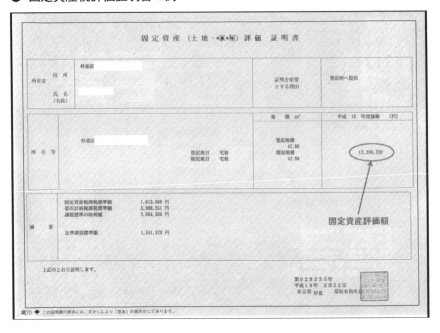

2-2 タワーマンションと固定資産税

2-2-1 タワーマンションを利用した節税策

　平成25年度の税制改正により、平成27年1月1日以降発生する相続に係る相続税の基礎控除額が引き下げられるとともに、最高税率も引き上げられたことから、現在富裕層を中心に相続税への関心が高まっている。そのなかで、最近相続税の節税につながるとして注目を集めているのが高層・タワーマンション[40]の取得である。このタワーマンションを使った節税策の趣旨を簡単に説明すれば、タワーマンションは眺望等の理由から一般に高層階ほど住戸の坪単価（時価）が高くなるにもかかわらず、相続税の原則的な評価（路線価を用いた評価）方法では高層階と低層階とを区別することなく評価額を算定するため、特に高層階で時価と相続税評価額とに大きな較差（時価が相続税評価額より相当程度高いこと）が生じることを利用するものである[41]。

　一方で、2015年10月27日政府税制調査会において、委員からタワーマンションを使った相続税の節税策が行き過ぎたものであるという懸念が表明され、それを受けて国税庁が全国の国税局に対して当該節税策への監視を強化するよう指示していたという報道がなされている[42]。このような流れから、もはやタワーマンション節税は封じられたとする向きもあるが、本節はこの問題を題材に、タワー

---

[40] そもそも「高層・タワーマンション」という用語に確立された定義は存在しないが、建築基準法第20条で建築物の安全性に関する基準が高さ60mで区分されていることから、本書では一応高さ60mを超える集合住宅を高層・タワーマンションと呼ぶこととする。

[41] このような観点からの節税策を説くものとして、例えば、沖有人『タワーマンション節税！ 相続対策は東京の不動産でやりなさい』（朝日新聞出版・2014年）がある。また、当該節税策の内容については、拙著『相続税調査であわてない「名義」財産の税務』（中央経済社・2014年）250－267頁参照。

[42] 2015年11月3日付日本経済新聞、朝日新聞等参照。

マンションの相続税財産評価の在り方について検討するとともに、本年度の税制改正で固定資産税の観点から当該「節税策」について対抗策が採られたことから、以下でその内容について検討してみたいと考えている。

2-2-2 タワーマンションの現状

東京都の資料によれば、タワーマンション（超高層マンション：高さ60m以上のマンション）の竣工棟数の推移は以下のとおりであり、都内では湾岸6区（中央、港、品川、大田、江東、江戸川）に全体の約6割が集中する状況にある。

● 超高層マンションの竣工棟数の推移

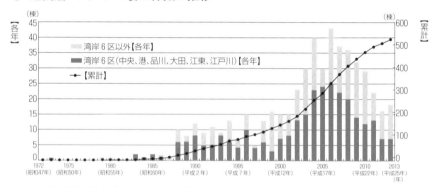

(出典) 東京都住宅政策審議会マンション部会「平成26年度第1回東京都住宅政策審議会マンション部会における資料及び主な意見の概要」参考資料4（平成26年8月6日）10頁

また、現在竣工済みである全国の主要なタワーマンションを挙げてみると、以下の表のようになる。

● 主要なタワーマンション（2017年1月現在竣工済のもの）

名　称	住　所	竣工年月	高　さ	階数
エルザタワー55	埼玉県川口市	1998年7月	185.8m	55階
大川端リバーシティ21	東京都中央区佃	1999年3月	180m	54階
東京ツインパークス	東京都港区東新橋	2002年10月	165m	47階
六本木ヒルズレジデンス	東京都港区六本木	2003年4月	159m	43階
クロスタワー大阪ベイ	大阪市港区	2006年8月	200.4m	54階
THE TOKYO TOWERS	東京都中央区勝どき	2008年1月	193.5m	58階
The Kitahama（北浜タワー）	大阪市中央区	2009年3月	209.4m	54階
パークシティ武蔵小杉ミッドスカイタワー	川崎市中原区	2009年4月	203.5m	59階
勝どきビュータワー	東京都中央区勝どき	2010年8月	193m	55階
アウルタワー	東京都豊島区東池袋	2011年1月	189.2m	52階
シティタワー神戸三宮	神戸市中央区	2013年2月	190m	54階
としまエコミューゼタウン（豊島区庁舎併設）	東京都豊島区南池袋	2015年3月	189m	49階
富久クロスコンフォートタワー	東京都新宿区富久町	2015年5月	179.95m	55階

（注）棟が複数ある場合には最も高いものを示す。

　1997年に規制緩和の一環として、容積率の上限を600％とする「高層住居誘導地区」が認められて以降、タワーマンションの建設が本格化した。

　2017年1月時点において、最も高い高層マンションは大阪市中央区のThe Kitahama（北浜タワー、2009年3月竣工）で209m（54階）、最も階数が多いのは川崎市中原区のパークシティ武蔵小杉・ミッドスカイタワー（2009年4月竣工）の59階（203.5m）である。

近年は、豊島区役所が入居するとしまエコミューゼタウン（2015年3月竣工）のように、商業施設のみならず金融機関や行政機関が入居し、地域における一大拠点となっているタワーマンションも珍しくなくなっている。今後も、2020年開催の東京オリンピックに向けて再開発が進む東京都内の湾岸地区や新宿区[43]、川崎市の武蔵小杉周辺、大阪市内から地方の県庁所在地まで、タワーマンションの建設計画は目白押しである。

2-2-3　国税庁の対抗策とその評価

　次に、いわゆるタワーマンション節税に対する国税庁の対抗策を以下でみていきたい。同庁に対する取材によれば、2013年までの3年間に係る譲渡所得の申告事績についてサンプル調査（計343件）を行ったところ、タワーマンションの売却価額と相続税評価額との間には平均約3倍もの開きがあり、なかには約7倍の開きのある事例もあったとのことである[44]。このような「行き過ぎた」タワーマンション節税に関し、現在までに判明している国税庁の対抗策は概ね以下のとおりである。
① 財産評価基本通達総則6項（以下「総則6項」と称する）の適用
② 場合によっては通達の改正
　現時点では基本的に①によることとし、②については今のところ何ら具体的な指針は示されていない。
　総則6項は財産評価基本通達における包括的限定条項と位置付けられ[45]、通達（路線価）による評価額と客観的交換価額との間に相当の開差があるときのような、通達によらないことが相当と認められる特別な事情がある場合には、総則6項の適用があることとなる[46]。総則6項の規定による課税がなされたのはバブル期の事案が多く、裁判例もその時期の相続に関するものが多い。
　それでは、国税庁のこのような対抗策はタワーマンション節税に対してどのく

43　現在60階・954戸のタワーマンションが建設中（2017年中に竣工予定）であったり、65階（235m）のものが計画中である。

44　T&Amaster No. 617（2015年11月9日号）14頁、2015年11月3日付朝日新聞等参照。

45　品川芳宣『租税法律主義と税務通達』（ぎょうせい・平成15年）124頁。

らい有効なのであろうか。報道を受けて税理士の間や不動産業界では、「国税庁がようやく本気になり、タワーマンション節税は封じられた」と浮足立っているような話を耳にするが、筆者としては「大変拍子抜けした」というのが偽らざる感想である。無論別稿でも指摘したとおり、タワーマンション節税への対抗策として通達等でガイドラインを示すことは思いの外困難であるが[47]、広範な納税者情報を収集することが可能な課税庁であれば、筆者のような部外者とは異なり、それを基にそれなりの知恵が出ることを密かに期待していたところであった。

　ところで、租税法の法源という意味では、通達は政省令に劣後する地位にある。しかしながら現在、私見では、パブリックコメントを経る通達のほうが形式的な国会審議で事実上ノーチェックの政省令よりも、制定に向けての透明性という観点からはよほど専門家を含む国民の監視の目が行き届いているように思われる。したがって、通達により執行の基準を明確化するということは、現代の租税実務においてはかつてより重要性が高まっているのではないかと考えるところであり、その意味で通達の発遣に注目しているところである。

　しかしながら、実際に国税庁から提示されたのは、①の財産評価基本通達における総則6項の適用という、「実質的には何もしません」という対抗策であった。

　ではなぜ総則6項の適用という方策が「実質的には何もしません」ということなのかといえば、当該条項は昭和39年に現行通達の前身にあたる「相続税財産評価に関する基本通達」が定められて以来、既に長い歴史を持つ規定であることに加え、これまでもその気になれば適用が可能であり、また、適用してきた（その典型例は、国税不服審判所平成23年7月1日裁決・TAINS F 0-3-326である[48]）のであるが、タワーマンション節税がここまで大きな問題になりながら過去に適用事例がほとんどなかったのは、不動産の評価に関して当該規定は、取得時と譲渡時とが非常に近接しているような、「見え見えの租税回避事例」（その典型も国税不服審

46　東京地裁平成4年3月11日判決・判時1416号73頁参照。その控訴審東京高裁平成5年1月26日判決・税資194号75頁及び上告審最高裁平成5年10月28日判決・税資199号670頁も同旨。
47　拙著前掲注41書260－263頁参照。
48　当該裁決事例の評釈として、拙著前掲注41書258－260頁参照。

判所平成23年7月1日裁決である）以外には、実際には適用することが困難だからである。したがって、仮に用意周到に、相続開始10年以上前から被相続人が自らの意思でタワーマンションを取得し、それが相続財産に含まれていた場合には、当該マンションの評価はストックとしての土地の原則評価法である路線価方式（家屋部分は固定資産税評価額）によることとなり（評基通11、89）、評価額の大幅な圧縮（上記裁決事例では8割減）を図っても、総則6項の適用による否認の可能性は低いのではないかと思われる。

もちろん、総則6項の適用という「射程範囲が狭い」方策とはいえ、国税庁が対抗策を外部にアナウンスしたこと自体には、特にリスク回避志向が強い納税者（富裕層には意外に多い）には一定の効果があるだろう。しかし、リスク耐性が強く（ある意味）狡猾な富裕層にとっては、総則6項の適用という方策は単なる「ブラフ」と取られる可能性が高く、「見え見えの租税回避事例」以外であれば国税庁は手が出せない、と足元をみられる可能性さえ懸念されるところである。

2-2-4　総務省の対抗策

この問題は国税庁のみならず、固定資産税を担当する総務省にも対応を迫ることとなり、平成29年度の税制改正で以下のような対策が盛り込まれた。

すなわち、居住用の高層マンション（いわゆるタワーマンション）については、現行、高層階も低層階も床面積が同じであれば固定資産税の評価額及び税額が同額となる。これについては、実際の取引価格と乖離が大きく不公平であるとの指摘がなされていたことから、高さが60mを超える建築物のうち複数の階に住戸が所在しているもの（居住用超高層建築物）については、固定資産税の計算方法が以下のとおり見直されることとなった。

$$\text{各住戸の固定資産税額} = \text{一棟全体の固定資産税} \times \frac{\text{各住戸の専有床面積} \times \text{階層別専有床面積補正率}^{(*)}}{\text{専有床面積（補正後）の合計額}}$$

(注)　N階の「階層別専有床面積補正率」＝100＋10／39×（N−1）である。したがって、階が一つ増すごとに当該補正率が0.256（10／39）増加することとなる。

居住用超高層建築物において、居住用以外の専有部分を有するときには、一棟全体の固定資産税額を床面積により居住用部分と非居住用部分とに按分し、そのうち居住用部分の税額を各区分所有者に按分する場合についてのみ、上記算式（階層別専有床面積補正率）が用いられることとなる。

　上記「階層別専有床面積補正率」に基づき、表計算ソフトを使って各階の税額（現行比）を計算すると、次頁の表のとおり、50階建てのタワーマンションの場合、中間の25階が現行の税額とほぼ同じで、最上階50階は5.9％程度増加し、逆に一番下の1階は5.9％程度減少することとなる。

　また、改正前後の固定資産税額について計算例を示すと、以下のとおりとなる。

＜計算例＞
・50階建てのタワーマンション（居住用超高層建築物）で、すべて居住用とする
・各階の各住居の専有床面積は同一とする
・改正前の固定資産税額は全戸20万円とする
　50階の住居の固定資産税額＝20万円×105.9％＝<u>211,800円</u>
　1階の住居の固定資産税額＝20万円×94.1％＝<u>188,200円</u>

　また、上記補正に加え、天井の高さや付帯設備の程度等について著しい差異がある場合には、その差異に応じた補正が行われることとなる。さらに、上記にかかわらず、居住用超高層建築物の区分所有者全員による申出があった場合には、その申し出た割合により、固定資産税額を按分することも可能となる。

　上記改正は、平成30年度から新たに課税されることとなる居住用超高層建築物（平成29年4月1日前に売買契約が締結された住戸を含むものを除く）について適用される。

　なお、都市計画税及び不動産取得税についても同様の見直しがなされている。

● 50階建てタワーマンションに係る固定資産税額の増減（平成29年度税制改正前後）

階数	階層別専有床面積補正率	現行比増減	階数	階層別専有床面積補正率	現行比増減
1階	100	△5.9%	26階	106.41	0.1%
2階	100.25	△5.7%	27階	106.66	0.4%
3階	100.51	△5.4%	28階	106.92	0.6%
4階	100.76	△5.2%	29階	107.17	0.8%
5階	101.02	△4.9%	30階	107.43	1.1%
6階	101.28	△4.7%	31階	107.69	1.3%
7階	101.53	△4.5%	32階	107.94	1.6%
8階	101.79	△4.2%	33階	108.20	1.8%
9階	102.05	△4.0%	34階	108.46	2.1%
10階	102.30	△3.7%	35階	108.71	2.3%
11階	102.56	△3.5%	36階	108.97	2.5%
12階	102.82	△3.3%	37階	109.23	2.8%
13階	103.07	△3.0%	38階	109.48	3.0%
14階	103.33	△2.8%	39階	109.74	3.3%
15階	103.58	△2.5%	40階	110	3.5%
16階	103.84	△2.3%	41階	110.25	3.7%
17階	104.10	△2.1%	42階	110.51	4.0%
18階	104.35	△1.8%	43階	110.76	4.2%
19階	104.61	△1.6%	44階	111.02	4.5%
20階	104.87	△1.3%	45階	111.28	4.7%
21階	105.12	△1.1%	46階	111.53	4.9%
22階	105.38	△0.8%	47階	111.79	5.2%
23階	105.64	△0.6%	48階	112.05	5.4%
24階	105.89	△0.4%	49階	112.30	5.7%
25階	106.15	△0.1%	50階	112.56	5.9%

2-2-5 総務省の対抗策への評価

　それでは、上記税制改正は、いわゆるタワーマンション節税にどの程度効果があるのだろうか。総務省はタワーマンション節税への対抗策として、固定資産税に関する上記方策を採ったわけであるが、これは総務省の外郭団体である（一財）資産評価システム研究センターのレポート（「固定資産税制度に関する調査研究」平成28年3月）を踏まえてのものと考えられる。そこで、以下でまず当該レポートの内容を確認してみる。

　当該レポートによれば、固定資産税においても、タワーマンションに係る各共有者の有する専有部分の床面積の割合が同じであれば、原則として、各区分所有者の納付すべき固定資産税額は同額となるが、高層階と低層階について、現実に売買価格等に差異が生じているものもあり、従来の税負担の求め方を見直すべきではないかとの指摘がなされているため、今回の見直しが検討されたところである[49]。

　タワーマンションは一般に、中低層階のマンションと比較すると、建築費に対する固定資産税評価額が低い傾向にある[50]。また、タワーマンションの分譲価格データ等を調査した結果、一般的には、高層階になるほど、階層別効用比率（高層階と低層階との住民の満足度等の差）は大きくなる傾向にあることが確認された[51]。

　そのため、担税力に応じて、資産価値の配分を行うこととして、その際に取得価格の違いを係数（補正率）として用いて傾斜配分するという方法や、タワーマンションの低層階と高層階との間に生じている取得価格等の差違に応じた税負担となるよう、区分所有に係る家屋における固定資産税額の按分の際に補正等により考慮する方法が提案された。

　一方で、補正率等の設定には解決すべき課題も多く、例えば、現行固定資産評価基準における家屋の評価方式が再建築価格方式を採用しているにもかかわ

49　（一財）資産評価システム研究センター『固定資産税制度に関する調査研究』（平成28年3月）2頁。
50　（一財）資産評価システム研究センター前掲注49書4頁。
51　（一財）資産評価システム研究センター前掲注49書24頁。

らず、区分所有家屋の税額の按分方法に取得価格等を用いることの整合性をどのように図るのかや、取得価格等に関する不正常要素の有無、適正な価格を担保するための判断基準をどのように作成し、補正率を設定するか等の課題が存在し、慎重に検討を行うべきではないかという意見も出された[52]。

　実際の改正は、担税力に応じて、資産価値の配分を行うこととし、その配分方法を高層階から低層階まで機械的に割り振るという方法を採用したと考えられる。上記レポートで指摘されているとおり、取得価格等を用いて補正率を計算する場合、物件によるバラつきがみられ、全国一律の補正率を規定することが困難であったためではないかと推察されるところである。

　ところで、タワーマンション節税が効果的である最大の理由は、専有面積に比して土地持分（敷地利用権に基づく持分）が小さいため、専有面積を反映した時価と土地持分を反映した相続税評価額に大きな乖離が生じるためである。したがって、当該税制改正後においても、タワーマンションの評価に関しては、相続税・贈与税の課税目的では、少なくとも土地持分については基本的に相続税評価額を用いるため、固定資産税に関する当該改正がタワーマンション節税を抑制する効果は、ほとんど望めないというのが実態であろう。

　タワーマンション節税を封じ込めるには、やはり、土地部分の相続税評価額（路線価）を是正しなければならないのである。

52　（一財）資産評価システム研究センター前掲注49書24頁。

2-3 相続税と異なり毎年課税される

2-3-1 相続税と固定資産税の比較表

　土地・建物、償却資産が課税対象となるという点で相続税と固定資産税とは共通点がある一方で、固定資産税は個人のみならず法人にも課されるといった相違点がある。そのため、税理士のなかでも法人税・消費税が専門で、クライアントは法人ばかりという場合、相続税を扱うことは全くなくても、固定資産税のなかでも償却資産税を扱わないということはまずない。他方、相続税専門の税理士の場合、固定資産税のなかでなじみのあるのは償却資産税ではなく、むしろ土地・家屋に対するものであったりする。

　租税論の観点からは、相続税及び固定資産税は共に財産の所有という事実に着目して課される「財産税」であるとされるが、それでは、両税の共通点と相違点とを比較してみるとどうなるのか、以下の表で示してみることとする。

● 相続税と固定資産税の比較表

項　目	相　続　税	固定資産税
課税対象	土地、建物(家屋)、事業用財産(償却資産等)を含む相続財産	土地、家屋及び償却資産(固定資産)
納税義務者	相続または遺贈により財産を取得した個人	賦課期日現在における固定資産の所有者(個人及び法人)
財産の評価基準	財産評価基本通達等	固定資産評価基準
課税のタイミング	被相続人の死亡時(生涯1回のみ)	年1回(毎年)
土地の評価額	相続税路線価及び固定資産税評価額等	固定資産税路線価等
税率	10%～55%(8段階・累進税率)	1.4%(標準税率・比例税率)
税収(平成28年度予算)	1兆9,100億円	8兆8,600億円

2-3-2 毎年課税されることの意味

　前頁の表のとおり、相続税と固定資産税との相違点はいくつかあるが、本書で最も注目したい点は課税のタイミング、すなわち相続税は臨時的・偶発的（一生に一度）な課税であるのに対し、固定資産税は課税物件である土地、家屋及び償却資産を所有し続ける限り毎年1回課税されるという点である。

　相続税は人の死亡に際して課される税金であるため、課税財産の評価は多くの場合、一度行うだけでよい（その例外が相次相続である）。仮に財産評価に関して誤りがあった場合であっても、一般に影響はその相続にとどまる等、限定的である。

　もちろん、当初申告で何らかの誤り、例えば土地の評価に関し、減額可能な要素を見落としていたため評価額が過大となるケースにおいては、それに気づいた時点で更正の請求を行うべきである。

　しかも近年、相続税の実務経験が不足した税理士に申告を依頼した納税者に接近し、「セカンドオピニオン」と称して成功報酬で申告の見直しを行う税務ビジネスが横行しているのも、一つの実態である。

　一方、固定資産税（及び都市計画税）はその資産を保有し続ける限り課されるため、仮に一度評価に関し誤りがあった場合には、その誤りに気付かない限りそれに基づき課税される（過徴収が生じる）こととなり、前述 2-1 のとおりその影響は甚大となる傾向にある。

● 相続税と固定資産税

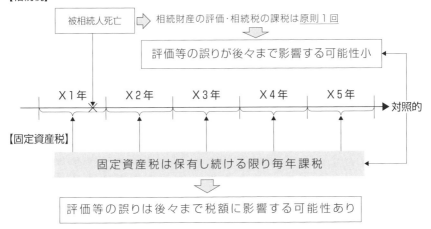

2-3-3　誤った評価が是正されないまま数十年過ぎることもある

　前述のとおり、法人税や所得税と同様に、固定資産税は固定資産を保有し続ける限り毎年課税される。そのため、誤った評価が是正されないまま数十年過ぎることもあるのである。

　このようなゆゆしき状況は、総務省の調査でも明確に示されている。すなわち、「固定資産税及び都市計画税に係る税額修正の状況調査結果」（総務省自治税務局固定資産税課・平成24年8月28日）において、平成21年度、22年度及び23年度の3年間における固定資産税・都市計画税について、各市町村が課税誤り等により税額を増額または減額修正した件数が公表されているが、以下にみるとおり特に税額修正団体数の割合は3年間平均で97.0％と極めて高い数字となっており、無視できない規模であると思われる。

① 税額修正団体数

年　度	税額修正団体数	団体数割合
平成21年度	1,483団体	93.2%
平成22年度	1,485団体	93.3%
平成23年度	1,484団体	93.2%
累　計	1,544団体	97.0%

(注) 団体数割合＝各年度の税額修正団体数／調査回答団体数 (1,592市町村)
(出典) 総務省「固定資産税及び都市計画税に係る税額修正の状況調査結果」2頁

② 納税義務者総数に占める修正者数割合

年　度	土　地		家　屋	
	修正者数／納税義務者数	修正割合	修正者数／納税義務者数	修正割合
平成21年度	76,613人／28,991,554人	0.3%	118,570人／32,644,343人	0.4%
平成22年度	49,042人／29,184,470人	0.2%	56,407人／32,904,180人	0.2%
平成23年度	44,749人／29,307,753人	0.2%	44,636人／33,222,534人	0.1%
平　均	—	0.2%	—	0.2%

※各年度の納税義務者数は、総務省「固定資産の価格等の概要調書」による、調査回答団体の法定免税点以上の者の人数。
(出典) 総務省「固定資産税及び都市計画税に係る税額修正の状況調査結果」2頁

　平成23年度についてみると、土地及び家屋を合わせて89,385人分の修正があり、納税義務者数 (延べ) 62,530,287人に占める割合は0.14% (700人に一人) であった。

③ 税額修正の要因

	土　地	家　屋
① 課税・非課税認定の修正	7.5%	1.4%
② 新増築家屋の未反映	―	20.6%
③ 家屋滅失の未反映	―	23.6%
④ 現況地目の修正	15.8%	―
⑤ 課税地積・床面積の修正	3.1%	2.9%
⑥ 評価額の修正	29.9%	29.7%
⑦ 負担調整措置・特例措置の適用の修正	22.9%	1.9%
⑧ 納税義務者の修正	15.2%	13.4%
⑨ その他	5.6%	6.4%

(出典) 総務省「固定資産税及び都市計画税に係る税額修正の状況調査結果」3頁

　税額修正の要因は上記のとおり多岐にわたっており、特定の要因に絞られていないため、対策が立てにくいという困難さがあると思われる。

2-3-4　信頼確保・回復のための取組み

　上記調査結果を受け、各市町村は固定資産課税に係る信頼確保・回復に向けて、様々な取組みを行っている[53]。

① 評価体制の充実に係る取組み

　固定資産評価員及び固定資産評価補助員の選任が挙げられる。総務省の上記調査によれば、前者を設置している団体は平成24年9月1日現在で全体の60.1%であり、年々増加傾向にあるとはいえ、未だ未設置の団体が4割もあるという点は留意すべきである。一方、後者は平成24年9月1日現在で18,280人

---

[53] （一財）資産評価システム研究センター「地方税における資産課税のあり方に関する調査研究」（平成25年3月）5頁参照。

選任されているが、年々減少傾向にある。

　また、前者についても税務担当課長や副市長等市町村内部の職員を選任しているケースが80％を超えており、市町村の業務に対するチェック体制や専門性の確保という意味では、やや心もとない状況である。

② 情報開示に係る取組み

　納税者が他の土地や家屋と比較して価格が適正であるかどうかを確認できるようにするための取組みが、固定資産課税台帳の縦覧である。これは、平成15年度に制度が改正され、市町村長は、市町村内の土地・家屋の価格等を記載した縦覧帳簿を新たに整備し、それを縦覧に供することとなり、納税者は自己の資産のみならず同一市町村内の他の土地・家屋の価格等を確認できるようになったというものである（地法416）。

　ただし、当該制度を利用して縦覧する納税者の数は、以下のとおり減少傾向にある。

● 縦覧人数の状況（延べ人数）

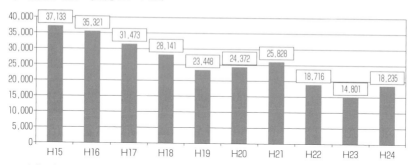

※　出典：総務省調
※　平成24年度の数値は速報値のため、今後精査により変動することがある。
※　平成23年度は、岩手県、宮城県、福島県内の市町村については、調査対象から除外したため、数字に含まれない。
（一財）資産評価システム研究センター「地方税における資産課税のあり方に関する調査研究」（平成25年3月）
　　7頁より転載

　また、市町村長は、納税者や借地借家人等の求めに応じ、固定資産課税台帳のうち、これらの者に関する固定資産について記載されている部分を閲覧に供しなければならないこととされている（地法382の2）。当該制度を利用した閲覧人

数も、以下の表のとおり減少傾向にある。

● 閲覧人数の状況(延べ人数)

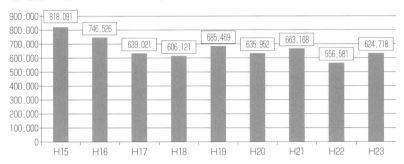

※ 出典：総務省調
※ 平成23年度は、岩手県、宮城県、福島県内の市町村については、調査対象から除外したため、数字に含まれない。
(一財)資産評価システム研究センター「地方税における資産課税のあり方に関する調査研究」(平成25年3月)8頁より転載

　さらに、納税者が固定資産税の課税状況を知るため、課税明細書が交付されている(地法364)。法律上、土地及び家屋につき、以下の項目が記載事項となっている。

● 課税明細書の記載事項

土　地	家　屋
・所在地(地番) ・地目、地積、価格 ・当該年度分の課税標準の特例措置適用後の課税標準額(負担調整措置の適用がある場合には、前年度分の課税標準額及び当該年度分の負担調整措置適用後の課税標準額) ・税額の減額特例措置の適用による軽減税額 ・条例減額制度による減額税額	・所在地(地番) ・家屋番号、種類、構造、床面積、価格 ・当該年度分の課税標準の特例適用後の課税標準額 ・税額の減額特例措置の適用による軽減税額

　課税明細書については、その記載事項もさることながら、納税者の大半が固定資産税に関する専門的知識を有しない点に鑑み、各市町村にはわかりやすい書式とするよう努めることが求められるだろう。

③ 中立的な不服審査体制に係る取組み

この点に関し挙げられるのは、固定資産評価審査委員会への審査申出制度である。固定資産評価審査委員会は、納税者の評価に対する信頼を確保する趣旨から、価格に対する納税者の不服について、市町村長において処理することとせずに独立した専門的・中立的な機関によって審査決定することとして設置されているものである。

固定資産評価審査委員会への審査申出件数は以下のとおりとなっている。

● 固定資産評価審査委員会への審査申出件数の推移

	平成6年度	平成9年度	平成12年度	平成15年度	平成18年度	平成21年度	平成22年度	平成23年度	平成24年度（参考）
土　　地	20,857	10,741	4,626	3,397	2,336	3,256	744	679	3,640
家　　屋	1,673	3,412	1,787	1,415	889	1,303	270	262	1,234
償却資産	3	1	16	5	8	2	4	13	1
合　　計	22,229	13,255	5,845	4,549	2,761	4,357	986	929	4,563

※　出典：総務省調
※　「平成24年度（参考）」欄の数値は、平成24年4月1日から9月1日までに審査申出された件数であり、変動することがある。
※　1件の審査申出が、土地・家屋・償却資産の複数にわたる場合、それぞれに1件として計上しているため、合計とは一致しない。
（一財）資産評価システム研究センター「地方税における資産課税のあり方に関する調査研究」（平成25年3月）10頁より転載

なお、平成21年度における審査申出の認容率は11.7％となっている（平成23年度内閣府行政救済制度検討チーム「不服申立前置の全面的見直しに関する調査」による）。

④ 具体的な取組事例

市町村による具体的な取組事例として、札幌市と川崎市の事例を以下でみていくこととする。

ア．札幌市

札幌市では、財政局税政部が「固定資産税事務点検・確認マニュアル」（平成24年6月）を作成し、職員個人に加えて組織的に点検・確認を行うこととしている。土地の評価を例に、当該マニュアルに掲げられた具体的なチェックポイントを挙げると以下のとおりとなる。

<表示関係>

	チェックポイント
所　　在	法務局通知と一致しているか
所有者名	
取得年月	
登記地目	
課税地積	法務局通知と一致しているか
	課税地積と非課税地積の合計は登記地積と合っているか
	所在に整理番号がついている場合、総合計は登記地積と合っているか
	登記地目が宅地で、課税地目が宅地以外の場合、小数点以下の数字を切り捨てているか
	登記地目が宅地で、課税地目を宅地以外から宅地に変更した場合、課税地積の修正をしているか
非課税等事由・非課税等地積	人的非課税の場合、法務局通知と一致しているか
	課税地積と非課税地積の合計は登記地積と合っているか
	所在に整理番号がついている場合、総合計が登記地積と合っているか
登記名義人コード	法務局通知と一致しているか

※分筆については必ず分筆元と照合し、相違のある箇所については入念にチェックすること

<権利関係>

	チェックポイント
所　　在	法務局通知と一致しているか
所有者名	
取得年月	
登記名義人コード	
減　　免	減免事由は適正か
	所有権移転の際、減免コードの外し忘れ等はないか
	減免措置が一部に適用される場合、軽減補正率の計算は適正か
共有形態分類番号	9で始まる所有者コードがついている場合、正しい分類番号が記入されているか

2-3　相続税と異なり毎年課税される

＜評価関係（一部省略）＞

		チェックポイント
造成費		土地の現況を踏まえた適用がされているか
課税地積		法務局通知と一致しているか
		課税地積と非課税地積の合計は登記地積と合っているか
		所在に整理番号がついている場合、総合計は登記地積と合っているか
		登記地目が宅地で、課税地目が宅地以外の場合、小数点以下の数字を切り捨てているか
		登記地目が宅地で、課税地目を宅地以外から宅地に変更した場合、課税地積の修正をしているか
評価内容	蔭致割合	図形等から見て整形か不整形かを判断し、不整形の場合は割合は適正か
	正面路線・側方路線・二方路線・三方路線・四方路線	担当からの聞き取りを含め、画地計算は適正に計算されているか
		GISによる評価を再確認し、適正に処理されているか
過年度単位価格		過年度単位価格については、8年以前と9年以降の評価方法の違いは適正に処理されているか
住区・宅小・個数		現況確認図と家屋評価調書等を照合し、相違はないか
画地番号		画地組みが適正に認定されているか
非課税等事由・非課税等地積		法務局通知と一致しているか
		課税地積と非課税地積の合計が登記地積と合っているか
		所在に整理番号がついている場合、総合計が登記地積と合っているか
市農区分		近隣の農地と均衡はとれているか
特例		特例事由は適正か
減免		減免事由は適正か
		所有権移転の際、減免コードの外し忘れ等はないか
		減免措置が一部に適用される場合、軽減補正率の計算は合っているか
手計算調書		画地計算内容を再確認し、適正な評価が行われているか

(一財) 資産評価システム研究センター「地方税における資産課税のあり方に関する調査研究」(平成25年3月) 136-137頁より転載

イ．川崎市

　税務実務は専門性が高いため、専門研修の充実を図っている。具体的には以下のような専門研修を行っている。

● **川崎市における専門研修**

全　　体	・税務初任者研修
土地担当	・土地初任者研修 ・初任者フォロー研修 ・土地中堅研修（2年目職員対象）
家屋担当	・木造家屋初任者研修 ・均衡調査研修（個人差の是正：市税事務所間における家屋評価の不均衡是正） ・家屋中堅研修（2年目職員対象） ・非木造家屋初任者研修

（一財）資産評価システム研究センター「地方税における資産課税のあり方に関する調査研究」（平成25年3月）162－163頁を参考に著者作成

　国税と異なり、地方税を所管する地方公共団体において税務担当部署は人事ローテーション上の一部署に過ぎず、専門家が育ちにくい構造的問題を抱えている。そのため、川崎市のような取組みはどの市町村においても不可欠といえよう。

2-4 相続税における固定資産税評価額の利用

2-4-1 土地の評価

　2-3でみたとおり、相続税と固定資産税とは異なる点が多いが、一方で、相続税の財産評価に際には固定資産税、なかでも固定資産税評価額はたびたび登場する。そこで、まず土地の評価について以下でみていく。

　相続税において、宅地に関しては、市街地的形態を形成する地域にあるものは路線価方式で、それ以外のものは倍率方式により評価することとされている（評基通11）。このうち後者の「倍率方式」とは、固定資産税評価額に国税局長が一定の地域ごとにその地域の実情に即するように定める倍率を乗じて計算した金額により評価する方法である（評基通21）。

　上記通達でいう「固定資産税評価額」とは、以下を指す。

① 地方税法第381条第1項の規定により、土地登記簿に登記されている土地について、土地課税台帳に登録されている基準年度の価格または比準価格[54]

② 同条第2項の規定により、土地登記簿に登記されていない土地について、土地補充課税台帳に登録されている基準年度の価格または比準価格

③ 同条第8項の規定により、仮換地、仮使用地、保留地または換地等について、土地補充課税台帳とみなされたものに登録されている基準年度の価格または比準価格（評基通21）

　また、「倍率」とは、その宅地の固定資産税評価額に地価事情の類似する地域ごとに、その地域にある宅地の売買実例価額、公示価格、不動産鑑定士等による鑑定評価額、精通者意見価格等を基にして国税局長が定めるものである（評

---

[54] 第2年度または第3年度の賦課期日の現況における土地が、仮に基準年度の賦課期日に所在したものとした場合において、当該土地に類似する土地の基準年度の価格に比準する価格をいう（地法349②③）。

基通21-2）。

　固定資産税評価額は、以下のとおり、毎年課税時期に市区町村役場から送付される「課税明細書」等により確認することとなる。

● 固定資産税・都市計画税課税明細書（東京都の例）

土地の所在	登記地目	登記地積 ㎡	価　格　円	固定前年度課標等円	都計前年度課標等円	小規模地積 ㎡
	現況地目	現況地積 ㎡	固定本則課税標準額円	固定課税標準額円	都計課税標準額円	一般住宅地積 ㎡
	非課税地目	非課税地積 ㎡	都計本則課税標準額円	固定資産税（相当）額円	都市計画税（相当）額円	非住宅地積 ㎡
○○○町二丁目1番1	宅地	150.00	45,000,000	6,750,000	14,700,000	150.00
	宅地	150.00	7,500,000	7,125,000	15,000,000	
			15,000,000	99,750	22,500	

固定資産税評価額

　倍率方式による宅地の評価額は、上記より得られた固定資産税評価額に、以下のような「評価倍率表」に記載された倍率を乗じて評価額を求めることとなる。

● 評価倍率表（東京国税局相模原税務署管内の例（平成28年分））

　仮に、相模原市緑区青根（「上記以外の地域」とする）に所在する宅地の固定資産税評価額が5,000,000円、倍率が1.2倍とすると、当該宅地の評価額（自用地とする）は以下のとおり計算される。

　宅地の評価額＝5,000,000円×1.2倍＝6,000,000円

なお、倍率方式による土地の評価単位は1画地であり、固定資産税における土地課税台帳または土地補充課税台帳に登録されている単位は1筆であることに留意すべきであろう。

2-4-2　家屋の評価

　家屋の価額は、その家屋の固定資産税評価額に、財産評価基本通達別表1に定める倍率（1.0）を乗じて計算した金額によって評価する（評基通89）。

　もともと家屋の評価方法には売買価格比較法、再建築費基準法、収益還元法等いくつもあるが、相続税の財産評価方法については、路線価地域を除く宅地の評価が固定資産税と歩調を合わせていることにならい、家屋の評価も固定資産税評価額をベースにした評価方法とされているところである[55]。

　ところで、家屋の評価に関し別表1の倍率（現在は1.0であるため、ほとんど意味をなさないが）を乗じることとされているのは、昭和39年に評価基本通達が制定される際、固定資産の評価について固定資産税等の評価基準である固定資産評価基準によるべきものとされたが、地域によってはその評価水準が低いケースもみられたため、相続税と固定資産税等の評価水準のバランスを取る目的で、固定資産評価額に一定の倍率を乗じて評価する方法が補完的に採られたためであると説明されている[56]。

　なお、貸家となっている家屋の相続税評価額は、以下の算式により評価することとなる（評基通93）。

> 貸家の評価額　＝　家屋の価額　×　（1　－　借家権割合　×　賃貸割合）

　上記算式中の「借家権割合」は、通達（評基通94）により国税局長の定める割合とされているが、現在日本全国一律に30％となっている。したがって、貸家の評価額は一般に以下のとおりとなる。

---

[55]　谷口裕之編『平成25年版財産評価基本通達逐条解説』（大蔵財務協会・平成25年）404頁。
[56]　谷口前掲注55書405頁参照。

＜例＞
・賃貸ビルの固定資産税評価額：10,000,000円
・賃貸割合：100%
　賃貸ビルの評価額＝10,000,000円×（1－30%）＝7,000,000円

2-4-3　遊休地のアパート経営は何故流行るか？

ところで、国税庁の統計によれば、以下のとおり、平成25年度の税制改正で相続税の基礎控除額が4割カットされた影響で、相続税の課税割合が一気に2倍程度まで上昇し、東京国税局管内では12.7%にまで達したとのことである。

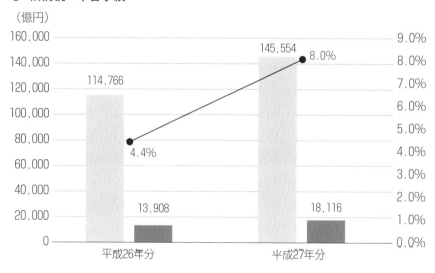

● 相続税の申告事績

(出典) 国税庁「平成27年分の相続税の申告状況について」より筆者作成

● 主要国税局における相続税の課税割合

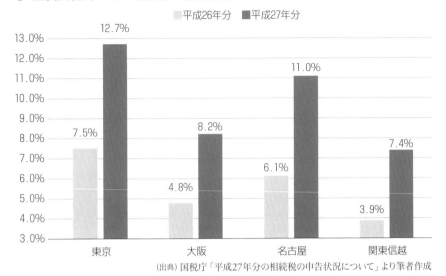

(出典) 国税庁「平成27年分の相続税の申告状況について」より筆者作成

　そのため、富裕層のみならず、今まで相続税の課税対象ではなかったサラリーマン層においても否応なしに相続税への関心を高めざるを得なくなったのである。そのようななか、富裕層等をターゲットに様々な相続税節税対策や節税商品が出されており、金融機関による活発な資金貸付姿勢[57]にも支えられて、「遊休地のアパート経営」が現在急速に伸びているようである。

　以下で、その内容を典型的な例を挙げてみていきたい。

＜事例＞
・親から相続した相続税評価額2億円の遊休地を保有
・そのまま何もしないと相続税の負担が重いため、ハウスメーカーの提案に乗り、アパートを建設することを決意
・建物の建設費は6,000万円で全額銀行借入
・借地権割合60％（路線価図でDの地域）、借家権割合30％
・建物の固定資産税評価額は3,600万円（建築費の60％）

57　日銀によれば、平成28年12月末現在の国内銀行のアパートローン残高は、前年比4.9％増の22兆1,668億円にも上る。

土地の相続税評価額＝2億円×（1－60%×30%）＝1億6,400万円
建物の相続税評価額＝3,600万円×（1－30%）＝2,520万円
アパート建設後の財産評価額合計＝1億6,400万円＋2,520万円－6,000万円（借入金）＝<u>1億2,920万円</u>

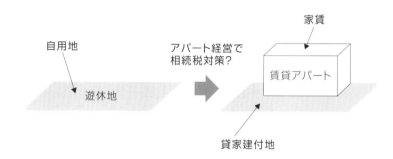

　要するに、アパートを建設することにより、相続税の課税対象が2億円から1億2,920万円になり、7,080万円圧縮されたというわけである。

　仮に、アパート建設を借入ではなく自己資金で行った場合でも、同様の効果がみられる（土地2億円＋現金6,000万円⇒土地1億6,400万円＋建物2,520万円：評価額の圧縮額は7,080万円）。

　さて、上記スキームをどう評価すべきであろうか。肯定的な評価としては、相続税評価額が7,080万円も圧縮され、相続税の納税額が減少するのみならず、アパート経営により将来の賃貸収入も上げられるようになったということがあるだろう。

　一方で、アパート経営は空室リスクと隣り合わせであり、いくら相続税額を圧縮しても、部屋が埋まらなければ賃料収入も上がらず、借金も返済できないので意味がないということになる。この点に関しては、近年「家賃保証」を謳い文句にハウスメーカーと契約したものの、割高な建築費や賃料の見直し等があるため結局リスクがすべて（プロの経営者とみなされている）「大家」に転嫁されることとなる、いわゆる「サブリース問題[58]」が顕在化しており、今後わが国の人口が減少するなかで、問題がさらに深刻化することが懸念されるところである。

　また、上記評価方法が採用できるのは、賃貸割合が100％であるという前提で

あるが、サブリース方式に頼らざるを得ない物件の場合、そもそもこれを満たすのは非常に困難であるというのが実態である。賃貸割合が下がれば、それだけ評価額も上昇し、アパート経営の旨みも減少するのであり、当該スキームのリスクは決して小さくない。

　ところで、遊休地にアパートを建設する上記のようなスキームが魅力的に映るのは、土地に関する貸家建付地の評価減（評基通26）及び建物に関する貸家の評価減（評基通93）を受けられるためであるが、それらに加えもう一つ挙げられるのは、建物の建築費と固定資産税評価額とのギャップである。

　建物の固定資産税評価額については、一般に、「再建築価格方式」が採用されている（固定資産評価基準第2章第1節二）。これは、家屋の新築時に通常必要とされる建築費を求め、それに経過年数や損耗の程度等に応じた減価を行って評価する方法である。当該評価方法によって求められる固定資産税評価額は、通常建物の建築費と一致せず、概ね60％〜70％程度に抑えられた金額となっている。そのため、建物の実際の建築費と固定資産税評価額とは、30％〜40％程度の乖離が生じるのが通常であり、これが遊休地にアパートを建築させる一つの要因となっていることは否めないところである。

　いずれにせよ、税理士等の専門家は、不動産に関する相続税評価額について、固定資産税評価額を含めた評価のメカニズムを十分理解することが不可欠であるといえよう。

58　2015年5月11日放送NHK「クローズアップ現代」で問題点が報じられている。また、2017年3月9日付「サンデー毎日」によれば、同年2月22日には愛知県のオーナーが賃貸アパート大手Lを提訴し、金融庁も金融機関の貸出実態について調査に乗り出しているとのことである。

2-5 固定資産評価基準と財産評価基本通達とは微妙に異なる

2-5-1 固定資産評価基準と財産評価基本通達との比較

　前述のとおり、固定資産税の課税対象である固定資産は、原則として固定資産評価基準に基づき評価される。当該評価基準は、特に土地の評価に関し、相続税の評価基準である財産評価基本通達と似た規定が存在するので、以下でその主たる項目をみていきたい。

① 評価区分

　土地の評価区分はいずれも、宅地、田、畑、山林、原野、牧場、池沼、鉱泉地、雑種地の9種類である（評基通7、固定資産評価基準第1章第1節一）。

② 路線価の採用

　相続税における宅地の評価に関しては、市街地的形態を形成する地域にあるものについては、路線価方式によることとされている（評基通11（1）、14）。

　固定資産税においても、宅地については主要な街路及びその他の街路について路線価が付され、それを基礎として評価がなされる（固定資産評価基準第1章第3節二（一）1）。固定資産税に関し、主として市街地的形態を形成する地域において、路線価に基づいて画地計算法[59]を適用して宅地の評価を行う方法を一般に「市街地宅地評価法(路線価式評価法)」という[60]。この方法による宅地の評価は、まず路線価が付設され、次に各宅地の評点を算定する画地計算法が適用される、という二段階に分けられる。

　なお、相続税における路線価と固定資産税における路線価の違いについては、

---

[59] 路線価を基礎として当該路線に沿接する各画地について、それぞれの画地の奥行、間口、街路との状況等が宅地の価格に及ぼす影響を、標準画地のこれらの状況との比較において計量しようとする評価手法をいう。

[60] 固定資産税務研究会編『固定資産評価基準解説（土地篇）』(地方税務協会・平成16年) 148頁。

後述 2-5-3 参照。

③ 画地調整ないし補正を行う

　相続税における宅地の評価（路線価方式）に関しては、路線価を基礎とし、その宅地が路線に接している状況や形状等に応じて画地調整を行うこととなる（評基通15～20－5）。

　一方、固定資産税においても、市街化宅地評価法による場合には、宅地の状況に応じて必要あるときは、固定資産評価基準別表3の「画地計算法」の附表による所要の補正を行う（固定資産評価基準第1章第3節二（一）4）。

　財産評価基本通達における「画地調整」と固定資産評価基準における「所要の補正」を比較すると、概ね以下の表のとおりとなる。

● 画地調整と所要の補正の比較表

	画地調整（財産評価基本通達）	所要の補正（固定資産評価基準）
奥行に関するもの	奥行価格補正（評基通15、付表1）	奥行価格補正割合法（別表第3画地計算法3、附表1）
側方路線の影響	側方路線影響加算（評基通16、付表2）	側方路線影響加算法（別表第3画地計算法4、附表2）
正面と裏面路線の影響	二方路線影響加算（評基通17、付表3）	二方路線影響加算法（別表第3画地計算法5、附表3）
三方または四方路線の影響	三方または四方路線影響加算（評基通18）	三方または四方において路線に接する画地（別表第3画地計算法6）
不整形地の補正	不整形地補正（評基通20、付表4・5）	不整形地評点算出法（別表第3画地計算法7（1）、附表4）
無道路地	無道路地の斟酌（評基通20－2）	通路開設補正及び無道路地補正（別表第3画地計算法7（2）、附表9）
間口が狭小な宅地	間口狭小補正（評基通20－3、付表6）	間口が狭小な宅地等評点算出法（別表第3画地計算法7（3）、附表5）
奥行が長大な宅地	奥行長大補正（評基通20－3、付表7）	奥行長大補正（別表第3画地計算法7（3）、附表6）
がけ地等の補正	がけ地補正（評基通20－4、付表8）	がけ地等補正（別表第3画地計算法7（3）、附表7）

2-5-2　固定資産評価基準と財産評価基本通達とで異なるもの：評価単位

　上記でみたとおり、固定資産評価基準と財産評価基本通達とでは多くの項目で同様の評価方法を採用している。一方で、いくつか異なる項目もみられるところである。以下でその主たる項目を挙げてみる。まずは評価単位である。

　宅地の評価単位については、固定資産評価基準は原則として「筆単位」であるのに対し（固定資産評価基準第1章第3節一）、財産評価基本通達は「画地単位（1画地）」である（評基通7－2（1））。

　後者の「画地単位」とは、土地の利用単位をいい、登記簿の一つの土地の単位で地番が付されている「筆（筆単位）」とは必ずしも一致しない。財産評価基本通達で宅地の評価単位を「画地単位」とするのは、その評価は利用単位である1画地とするのが合理的だからである。したがって、例えば共同ビルの敷地の用に供されている宅地は、その全体を1画地の宅地として評価することとなる。これを図で示すと以下のとおりとなる。

● 共同ビルの敷地の用に供されている宅地の評価単位

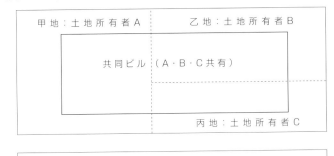

　上記のような共同ビルの敷地の用に供されている宅地について、財産評価基本通達の規定に基づく評価を行うと、甲・乙・丙地全体を1画地の宅地として評価した価額をまず求め、それにA・B・Cの有するそれぞれの土地の価額の比を乗じた金額により評価することとなる。

　それでは、上記のような宅地に関し、固定資産評価基準に基づく評価におい

ては、1筆単位、すなわち所有者ごとに評価することとなるのであろうか。宅地については、土地課税台帳に登録された1筆ごとに評価するのが原則(画地認定の原則[61])であり、そうなると甲地・乙地・丙地それぞれ評価するのが筋ということになる。

しかし、同評価基準によれば、主として市街地的形態を形成する地域における宅地については「市街地宅地評価法」によることとし、同評価法によれば、路線価を基礎とし、「画地計算法」を適用して評価するものとされている(固定資産評価基準第1章第3節二(一)1)。また、当該「画地計算法」によれば、一筆の宅地または隣接する二筆以上の宅地について、その形状、利用状況等からみて、これを一体をなしていると認められる部分に区分し、またはこれらを合わせる必要がある場合においては、その一体をなしている部分の宅地ごとに一画地とする、と規定されている(固定資産評価基準別表第三2(画地の認定))。すなわち、利用目的が同一であり、かつその形状に連続性がある場合には、筆数にかかわらず一画地として評価するのである。

当該「画地計算法」に基づくのであれば、上記のような共同ビルの敷地の用に供されている宅地については、相続税の評価と同様に、固定資産税の評価に関しても甲・乙・丙地全体を1画地の宅地として評価するのが妥当と考えられる。この点は、固定資産評価基準の解説書でも確認できるところである[62]。

そうなると、「画地計算法」が適用される、主として市街地的形態を形成する地域における宅地については、相続税と固定資産税の評価方法に概ね差はないと考えてよさそうである。

なお、画地計算法の適用が争われた後掲裁判例(3-9 参照)では、課税庁

---

61 その理由は、現実の利用状況による画地の認定は事務的・技術的に困難であること、市町村が統一的に運用できる限度や土地の価格が一筆ごとに課税台帳に登録されること、同一所有者に属する筆の分合は利用状況の如何に関係なく所有者の自由意思でできること等を総合勘案し、固定資産課税台帳に登録された一筆の宅地をもって一画地とするのが妥当であるから、とされる。固定資産税務研究会前掲注60書199頁参照。
62 固定資産税務研究会前掲注60書200頁によれば、隣接する二筆以上の宅地にまたがり、1個または数個の建物が存在し、一体として利用されるビル敷地等は筆界の如何にかかわらず、その一体をなすと認められる範囲をもって一画地とするとされている。

が一体で1画地としたものを裁判所が斥けている。

2-5-3　固定資産評価基準と財産評価基本通達とで異なるもの：補正率

2-5-1 の表でみたとおり、相続税と固定資産税とで、宅地に係る画地の補正について、ほぼ同様の項目及び補正率表を有している。しかし、その中身をみてみると、一部細かな相違点があるので、以下でそれを確認してみる。

① 奥行価格補正率表の区分

財産評価基本通達はビル街地区、高度商業地区、繁華街地区、普通商業地区・併用住宅地区、普通住宅地区、中小工場地区、大工場地区の7区分であるが、固定資産評価基準は高度商業地区Ⅰ・Ⅱ、繁華街地区、普通商業地区・併用住宅地区、普通住宅地区・家内工業地区、中小工場地区、大工場地区の6区分[63]である。

財産評価基本通達の高度商業地区と固定資産評価基準の高度商業地区Ⅱとは補正率が一致するが、財産評価基本通達のビル街地区と固定資産評価基準の高度商業地区Ⅰとはかなり異なる。繁華街地区以下は財産評価基本通達と固定資産評価基準とで補正率が一致する。したがって、異なるのは財産評価基本通達のビル街地区と固定資産評価基準の高度商業地区Ⅰである。

② 不整形地補正

財産評価基本通達における不整形地補正は、まず地積区分表により地積区分（A～C）を選択し、それに基づき陰（蔭）地割合に対して不整形地補正率表（5％刻みになっている）を適用するという流れになっている。

一方、固定資産評価基準における不整形地補正は、算定した陰地割合に対して直接不整形地補正率表（10％刻みになっている）を適用するというシンプルな流れになっている。

なお、固定資産評価基準の場合、陰地割合方式によらない簡易補正方式もある（別表第3画地計算法7（1）、附表4（注3））。

---

[63] 高度商業地区ⅠとⅡとは別の補正率であるので、7区分とするのがより正確といえるのかもしれない。

③ がけ地補正

　財産評価基本通達におけるがけ地補正は、がけ地の方位（斜面の向き）により補正率が異なる。すなわち、北向きが最も補正の割合が高く、南向きが最も低い。主として日当たりの関係から、南向き斜面が最も効用が高いことを反映しての補正率であると思われる。

　一方、固定資産評価基準におけるがけ地補正は、斜面の向きがいずれであっても同一の補正率を用いるという点で異なる。不整形地補正と同様に、財産評価基本通達よりも仕組みがやや簡素化されているといえる。

④ 通知等による補正

　これは固定資産税独特の補正で、「所要の補正[64]」ということもある。固定資産評価基準における「画地計算法」を採用する場合、その附表に定められた補正率を用いるのが通常である。しかし、当該補正率は実験値に基づき標準的なものが示されているとはいうものの、地域や地目によっては、それをそのまま適用した場合、宅地の評価額に不均衡が生じる可能性がある。そのため、市町村長は、評価の均衡を確保するために、宅地の状況に応じて必要あるときは、附表等に所要の補正を加えて「画地計算法」を適用することができるとされており、これが「通知等による補正」である[65]。

　通知等による補正には、具体的には以下のようなものがある。

ア．都市計画施設予定地に定められた宅地に係る補正

　道路、公園等の都市計画施設の予定地に定められた「宅地」に関し、そうでない「宅地」よりも価格が低下する事例があることを踏まえ、その影響に応じ最大割減を限度とする補正率を定めるものである。

　都市計画施設予定地に定められた宅地に係る補正率の例は、以下のとおりである。

64　固定資産評価基準の附表そのものを用いる画地補正も「所要の補正」というが、ここでいう「所要の補正」は、附表等をそのまま用いず補正を加えて用いる場合である。

65　固定資産税務研究会前掲注60書226頁参照。

● 補正率の事例(青梅市:都市計画施設予定地補正率表・別表15)

予定地地積 総地積	20%未満	20%以上 50%未満	50%以上 80%未満	80%以上
補正率	0.95	0.90	0.80	0.70

(出典)青梅市固定資産(土地)評価事務取扱要領

イ．日照阻害を受ける住宅地区の宅地に係る補正

同様に、日照阻害を受ける住宅地区の「宅地」に関し、そうでない「宅地」よりも価格が低下する事例があることを踏まえ、その影響に応じ最大2割減を限度とする補正率を定めるものである。

日照阻害を受ける住宅地区の宅地に係る補正率の例は、以下のとおりである。

● 補正率の事例(春日井市:住宅地区における日照阻害を受ける宅地の補正率表・別表14)

都市計画区域	日照阻害の原因となっている中高層の建築物	左の建築物の平均地盤面からの高さ	日影時間	補正率
第一種・第二種低層住居専用地域	軒の高さが7mを超える建築物又は地階を除く階数が3以上の建築物	1.5m	4時間	0.9
			6時間	0.8
第一種・第二種中層住居専用地域第一種住居地域	高さが10mを超える建築物	4m	4時間	0.9
			6時間	0.8
上記以外の地域	同上	4m	5時間	0.9
			7.5時間	0.8

(出典)春日井市財政部資産税課「平成27基準年度土地評価事務取扱要領」

なお、多少古いデータであるが、当該「所要の補正」の全国的な実施状況は次頁の表のとおりであり、着実に増加していることがわかる。項目としては、

不特定多数の者が通行する道路の用に供されている「私道」や、接面道路との高低差や用排水路等、接面街路の系統・構造等といった画地条件が問題となるもの、高圧線下や都市計画施設予定地といった法律上の規制・制限があるものが比較的多いといえる。

● 所要の補正の実施市町村数

補正の内容	昭和63年度	平成3年度	平成6年度	平成9年度	平成12年度	平成15年度
私道	440	474	598	811	851	884
接面街路との高低差	202	259	438	656	712	753
用排水路等	182	226	387	637	686	719
高圧線下	379	410	468	558	611	657
接面街路の系統・構造等	87	117	312	550	569	538
都市計画施設予定地	170	186	208	255	256	264
画地条件・その他	52	50	219	273	192	222
画地計算法附表	68	86	137	155	155	221
宅地比準表	62	122	246	317	298	218
市街化調整区域	—	—	—	111	165	210
日照阻害	120	138	152	174	176	186
在来線	55	79	118	153	177	184
いみ施設	52	66	107	148	173	181
横断歩道橋	99	112	136	165	167	176
急傾斜地	58	75	113	145	170	169
地下阻害物	49	57	67	111	125	143
環境条件・その他	21	8	54	43	72	111
高速道路その他	43	42	55	82	82	101
地上阻害物	26	42	45	73	94	95

新　　幹　　線	46	46	49	61	52	69
規 制 区 域・そ の 他	17	19	32	89	72	62
区 画 整 理 地 区	—	—	—	34	39	53
湿 地・砂 利 等	21	18	31	34	35	35
悪　　　　　　　臭	12	16	27	30	26	30
港 　湾 　加 　算	31	28	30	26	28	27
航 空 法 規 制 地	7	8	10	8	9	12
合　　　　計	2,299	2,684	4,039	5,699	5,992	6,320

(一財) 資産評価システム研究センター「平成15年度評価替えにおける市町村長による所要の補正実施状況について」『土地評価に関する調査研究』(平成16年3月) 99頁より転載

2-5-4　固定資産税における路線価

　路線価というと通常、国税庁・国税局が毎年7月1日に発表する、土地に係る相続税評価額の基準となる価格を指すものと想定しがちであるが(評基通13・14)、意外に知られていないものの、固定資産税にも路線価という概念が存在する。

　固定資産税の路線価は、街路に沿接する標準的な画地の単位当たりの価格である(固定資産評価基準第1章第3節二3 (1))。主要な街路に沿接する宅地のうちから標準宅地が選定されると、その単位地積当たりの適正な時価を求めるべく不動産鑑定士等により評価された鑑定評定価額が出され、その7割を目途に評定された適正な時価に基づき路線価が付設される[66]。

　路線価は主要な街路のみならず「その他の街路」にも付設される。その他の街路に付設する路線価は、近傍の主要な街路の路線価を基礎とし、主要な街路に沿接する標準宅地とその他の街路に沿接する標準的な宅地との間の相違点 (道路の状況、家屋の疎密度、最寄りの駅までの距離等) を総合的に考慮して付設するもので

---

[66]　固定資産税務研究会前掲注60書166-167頁参照。

ある。実務的には、各市町村が主要な街路とその他の街路との相違する程度を項目別に示す比準表（路線価比準表）を作成し、これによって求めた比準割合を主要な街路の路線価に乗じてその他の街路の路線価を求めることとなる[67]。

2-5-5　固定資産税における路線価の特徴

相続税の路線価が概ね公示価格の8割評価とされている[68]のに対し、固定資産税の路線価は、地価公示価格ないし不動産鑑定士の鑑定評価額の7割を目処に評価される[69]。以下では、固定資産税における路線価の特徴について、相続税における路線価との比較の観点から、二点挙げてみていきたい。

① 二重路線価

固定資産税については、通常、一つの街路には一つの路線価が付設されている。しかし例外的に、一つの街路を挟んで用途地区が異なる場合で、同一の路線価とすることによって評価上の不均衡が生じる可能性がある場合には、街路の両側に路線価が付設されることがある。これがいわゆる「二重路線価」である。

● 二重路線価の事例（鎌倉市のホームページの図を参考に作成）

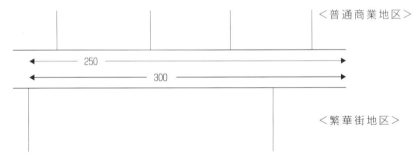

固定資産税の場合、上記のような街路の両側に異なる路線価が付設される

---

[67] 固定資産税務研究会前掲注60書168頁参照。
[68] 品川芳宣・緑川正博『徹底対論／相続税財産評価の論点』（ぎょうせい・平成9年）60頁参照。
[69] 平成6基準年度からである。固定資産評価基準第1章第12節一参照。

「二重路線価」はそれなりにみられるところである。その例は以下の図のとおりである。

● 二重路線価の事例（東京都新宿区）

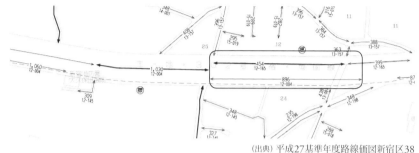

（出典）平成27基準年度路線価図新宿区38

　一方、相続税の場合も、幹線道路については次頁の図のとおり、複数の路線価が付される例が比較的みられるところである[70]。

70　拙稿「タワーマンションにおける財産評価の論点」『税経通信』2016年2月号15－16頁では、タワーマンションの評価適正化のため、「複数路線価」を付す必要性について論じている。

● **相続税の路線価**(幹線道路における複数路線価の例)

(出典)平成28年分路線価図(東京国税局新宿税務署22034頁)

　固定資産税の場合、例えば街路の片側に水路がある場合には、ある側とない側とで価格事情が異なるのが通常であり、二重路線価を付設して評価の均衡を図ることが求められている[71]。一方、相続税の路線価の場合、片側に水路があるからといって二重の路線価(すなわち水路側の路線価をそうでない側よりも引き下げる)が付されるとは限らない[72]。固定資産税のほうが(少なくとも考え方としては)土地価格の実態を反映した評価方法となっているとも考えられる。

　なお、次頁の図のとおり、同一宅地に関し、相続税が二重路線価を付しているのに対し、固定資産税は単一路線価というケースもある。

71　固定資産税務研究会前掲注60書168頁参照。
72　もっとも、水路に面している方角から自由に出入りできない場合には、相続税の評価上、当該路線は側方路線影響加算等の対象外とすることとなるだろう。

● 固定資産税は単一路線価（中央区京橋）

（出典）平成27基準年度路線価図中央区15

● 相続税評価は二重路線価（中央区京橋）

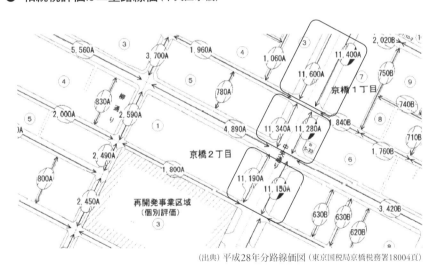

（出典）平成28年分路線価図（東京国税局京橋税務署18004頁）

2-5　固定資産評価基準と財産評価基本通達とは微妙に異なる

② 一街路一路線価

　固定資産税の路線価は、通常、一つの街路に一つの路線価が付される。ここでいう「街路」とは、交差点から次の交差点までを指すが、一つの街路においても、それに沿接する宅地の価格に相当の格差がある場合がある。そのような場合、評価の均衡を維持するため、一つの街路に二つ以上の路線価を付設することがある。具体例は以下の図のとおりである。

● 一つの街路に二つ以上の路線価が付されている例（新宿駅付近）

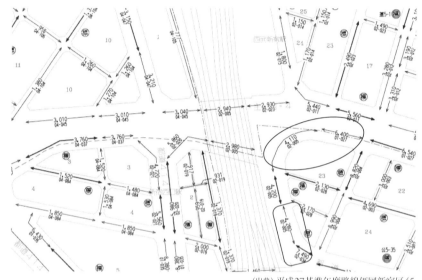

（出典）平成27基準年度路線価図新宿区45

ほぼ同じ場所に係る相続税の路線価図は以下のとおりである。

● 相続税の路線価(新宿駅付近)

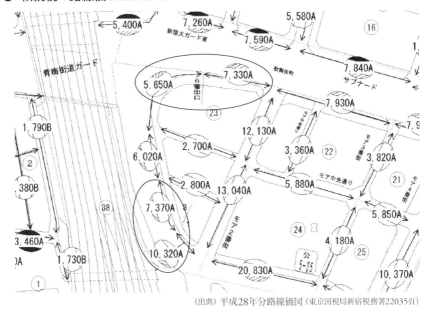

(出典) 平成28年分路線価図(東京国税局新宿税務署22035頁)

　上記の図のとおり、相続税の路線価についても、一街路に二以上の路線価を付設するケースはみられる。この点では、固定資産税と相続税とで差がないといえる。

2-5　固定資産評価基準と財産評価基本通達とは微妙に異なる　　121

2-6 同じ建物でも事務所用と居住用では評価額が異なる

2-6-1 家屋の評価

　家屋の評価は、原則として、木造家屋及び非木造家屋の区分に従い、再建築価格を基準として評価する方法が採用されている(再建築価格方式、固定資産評価基準第2章第1節一)。

　ここでいう「再建築価格方式」とは、評価時点において家屋の新築に通常必要とされる建築費を求め、家屋の現状によって、経過年数、損耗の状況等に応じた減価を行って評価する方法をいう(固定資産評価基準第2章第1節二)。

　再建築価格方式による家屋の評価は、概ね以下の算式のとおり行われる。

● 再建築価格方式による家屋の評価

$$家屋の評価額 = 評点数^※ \times 評点1点当たりの価額$$

※上記「評点数」は以下の算式で求める。

$$再建築費評点数 \times 損耗の状況による減点補正率 (\times 需給事情による減点補正率)$$
$$経年減点補正率・損耗減点補正率$$

　なお、上記算式中の「損耗の状況による減点補正率」は経年減点補正率と損耗減点補正率とがあるが、後者は天災、火災その他の事由により経年減点補正率によることが適当ではないときに使用される補正率であり、通常は前者の「経年減点補正率」を使用して家屋の評価がなされる。

2-6-2 事務所用と居住用に係る評価方法の違い

上記算式からわかるように、再建築価格方式による家屋の評価において、経年減点補正率が及ぼす影響は大きい。しかし、当該補正率は事務所用と居住用とで異なることは意外に知られていない。

例を挙げると、固定資産評価基準第2章別表第13（非木造家屋経年減点補正率基準表）によれば、事務所用の建物と住宅・アパート用建物とでは以下のように大きく異なる。

● 事務所用の建物及び住宅・アパート用建物の経年減点補正率（鉄骨鉄筋コンクリート造・鉄筋コンクリート造）

事務所用		住宅・アパート用		B／A
経過年数	経年減点補正率 A	経過年数	経年減点補正率 B	
1	0.9877	1	0.8000	0.8099
2	0.9754	2	0.7500	0.7689
3	0.9631	3	0.7000	0.7268
4	0.9508	4	0.6912	0.7269
5	0.9385	5	0.6825	0.7272
6	0.9262	6	0.6737	0.7273
7	0.9138	7	0.6649	0.7276
8	0.9015	8	0.6561	0.7277
9	0.8892	9	0.6474	0.7280
10	0.8769	10	0.6386	0.7282
11	0.8646	11	0.6298	0.7284
12	0.8523	12	0.6211	0.7287
13	0.8400	13	0.6123	0.7289
14	0.8277	14	0.6035	0.7291
15	0.8154	15	0.5947	0.7293
16	0.8031	16	0.5860	0.7296
17	0.7908	17	0.5772	0.7298
18	0.7785	18	0.5684	0.7301
19	0.7662	19	0.5596	0.7303
20	0.7538	20	0.5509	0.7308
25	0.6923	25	0.5070	0.7323
30	0.6308	30	0.4632	0.7343

上記の表中のB／A（住宅・アパート用の経年減点補正率を事務所用のもので除した値）を見ていると、経過年数3年で最低値（0.7268）となるが、それ以上経過すると徐々にその差が縮まっていき、経過年数が30年となると0.7343まで上昇する。しかし、いずれの経過年数においても、住宅・アパート用の経年減点補正率のほうが事務所用のものよりもかなり低く、それを反映して、同じ構造の同じ建築費（すなわち同じ再建築費評点数）の建物であれば、住宅・アパート用の固定資産税の方が一貫して低いということがいえる。その結果、住宅・アパート用の平米当たりの固定資産税のほうが事務所用のものよりも低くて済むということになる。

2-6-3 　経年減点補正率の違いが及ぼす影響

　それでは、同一の構造の建物であっても、住宅・アパート用の経年減点補正率と事務所用のものとが違うことにより、どのような影響があるのだろうか。

　一般に、住宅・アパート用の建物（マンション等の居住用共同住宅）と事務所用の建物（オフィスビル）とは別個に建てられており、両者の仕様や構造も異なる。そのため、同じ建物のなかに住居と事務所とが混在するケースはそれほど多くないといえる。そうであれば、仮に両者の補正率が異なっても、それによる、事務所所有者の固定資産税負担が重いという不公平感を抱かせる可能性は低いといえるかもしれない。

　しかし、駅前や幹線道路沿いといった地価の高いエリアには、低層階はレストランやオフィス、高層階は分譲住宅や賃貸住宅という建物も多くみられ、また、ワンルームマンションをオフィス使用しているケースも珍しくない。このような場合、事務所所有者が自らの固定資産税負担は住居利用の場合よりも重く不公平であると不満に思うケースもあるだろう。現実にこの点が争われた裁判例が、後述する札幌地裁平成28年1月28日判決（その控訴審は札幌高裁平成28年9月20日判決・判自416号24頁）である。一審では、同一の建物で事務所用と住宅用とで異なる経年減点補正率を用いることは違法であるとされたが、二審では、そのような取扱いは市町村の裁量の範囲内であり違法ではないとされた。その内容については、後述 6-2 を参照されたい。

2-6-4 家屋評価は時代とズレているか？

　固定資産税の家屋評価については、上記以外にもかねてから問題点が指摘されてきた。

　例えば、建物の評価はその建築に使用された資材の価格を積み上げて算定する「再建築価格方式」によることとされているが、その建物を使用して相当の年数を経過した後、大規模な修繕やリフォームをした場合、理論的にはその価格も建物の評価額に含める必要があるが、市町村がそれを正確に把握できるかはケースバイケースである。建物の内容工事の把握は困難である場合が多いのに対し、屋根の葺替えは航空写真で把握できるため、評価額に反映される傾向にある。これは課税の公平性の観点から問題といえるだろう。

　また、再建築価格方式は資材が数万点にも上る大規模なビルの評価について、相当の時間（2年程度）を要するという問題も抱えている。大型のビルが林立する東京都はこの問題に対処するため、「固定資産評価に関する検討会」を立ち上げ、2017年2月に取りまとめた報告書で大規模ビルの固定資産評価の簡素化を提言している[73]。

　さらに、家屋の減価償却の方法に関し、固定資産税と所得税とでは大きく異なるという点も見逃せないところである。例えば、事務所（SRC・RC造）で比較すると、固定資産税と所得税とでは次頁の表のように異なる。固定資産税の減価償却の方法に関し、残存価格を20％と高額にし、耐用年数を65年と長期にする結果、建物の固定資産税評価額は高くなり、納税額も増えてしまうこととなる。固定資産税に関し、このような減価償却の方法を採用する理論的根拠は果たしてどこにあるのか、問い直す必要があるものと思われる。

---

[73] 2017年2月28日付日本経済新聞参照。

● 固定資産税と所得税に係る減価償却方法の比較表（事務所のケース）

	固定資産税	所得税
耐用年数	65年	50年
残存価格	再建築価格の20％＊	ゼロ

(注) 固定資産税に関し事務所の残存価格を20％とするのは、経過年数65年以上の経年減点補正率が0.2となることによる(固定資産評価基準第2章別表第13参照)。

　より根本的な問題として、再建築価格方式に基づいて一般の納税者が建物の評価を行うということは、事実上不可能であるということがある。固定資産評価基準が制定された昭和38年当時は、木造の建築物が主流で、家屋の評価について再建築価格方式を採用しても実務上問題はなかったものと想定される。しかし、時代は変わり建築技術は飛躍的な進歩を遂げ、再建築価格方式に基づく評価は高度に精緻化していった。

　ごく一部の納税者を対象とした税目であればともかくとして、大衆課税である固定資産税の建物（家屋）評価に関し再建築価格方式を採用することの是非については、今後さらなる検討が求められるといえよう。

2-7 固定資産税は他の地方税とリンクする

2-7-1 固定資産税と他の地方税との関係

　固定資産税の評価基準である固定資産評価基準は、単に固定資産税の税額を算定する場合にのみ関係するものではない。何故なら、不動産取得税の課税客体である不動産及び都市計画税の課税客体である土地及び家屋は、その課税標準となる価格が固定資産税の課税標準となる価格だからである（地法73の21①②、702①②）。すなわち、固定資産税は以下の図のとおり、他の地方税（不動産取得税及び都市計画税）とリンクするというわけである。

● 不動産取得税及び都市計画税と固定資産税との関係

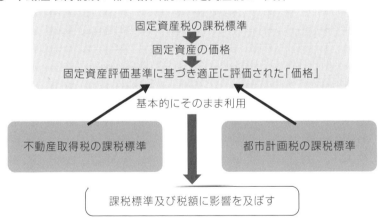

2-7-2 不動産取得税及び都市計画税と固定資産税との関係

　不動産取得税及び都市計画税と固定資産税との関係は、概ね以下のとおりと

なる。

① **不動産取得税**

　不動産取得税は不動産の取得に際し、不動産を取得したときにおける不動産の価格を課税標準として、その不動産が所在する都道府県において、その取得者に対して課される都道府県税（道府県税）である。

　不動産取得税の課税客体である不動産（土地及び家屋）の価格は、原則として固定資産課税台帳に登録されている価格である（地法73の21①）。ただし、当該不動産について増築、改築、損壊、地目の変換その他特別の事情があることにより固定資産課税台帳に登録されている価格によるのが適当でない場合には、都道府県知事が総務大臣の定める固定資産評価基準及び修正基準によって評価することで価格を決定する[74]（地法73の21①但書、②、地法附則11の6）。

　なお、新築家屋のように、固定資産課税台帳に固定資産の価格が登録されていない不動産の価格も、都道府県知事が総務大臣の定める固定資産評価基準及び修正基準によって評価することで価格を決定することとなる（地法73の21②、地法附則11の6）。

② **都市計画税**

　都市計画税は、都市計画法に基づき都市計画区域として指定された区域のうち、原則として同法に規定する市街化区域内に所在する土地及び家屋を課税客体とし、その価格を課税標準として、その土地及び家屋の所有者を納税義務者として課税される市町村税である（地法702①）。

　ここでいう「価格」とは、土地または家屋に係る固定資産税の課税標準となるべき価格をいう（地法702②）。

---

[74] このときにおいて、価格の決定に不服がある場合には、当該決定のみ独自の争いの対象とするのではなく、不動産取得税賦課決定に関する審査請求における不服事由として、知事に対する審査請求によることとなる。碓井光明「行政不服審査法改正と地方税に関する不服審査」金子宏編『租税手続の整備』（日本税務研究センター・平成29年）182-183頁。

2-7-3 固定資産税が不動産取得税及び都市計画税に及ぼす影響

　不動産取得税は不動産の取得の（一時的な）タイミングで課税される流通税であり、不動産を含む固定資産の（継続的な）所有の事実に着目して課税される財産税である固定資産税とは「性格」が異なる。しかし、課税ベースは基本的に共通である。

　また、都市計画税は受益者負担的な目的税ではあるものの、納税義務者や課税標準が共通であり、継続的な所有に対して課されるという点でも固定資産税と同じであることから、いわば固定資産税の付加税的な位置付けの租税であるといえる。ともに市町村税であることから、執行も一体でなされている。

　そのため、不動産取得税及び都市計画税は、固定資産税の執行に係るインフラに依拠する形で執行されているといえる。これは地方税制の効率的な運用という意味で、合理的な執行体制が構築されているものと評価できるだろう。

● 不動産取得税・都市計画税と固定資産税の執行体系

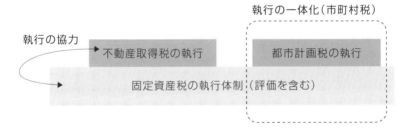

　一方で、不動産取得税及び都市計画税は、一部を除き課税標準に固定資産税評価額を使用するため、仮に固定資産税評価額に誤りがある場合、必然的に不動産取得税及び都市計画税の税額にも影響を及ぼすこととなるのである。そのため、固定資産税及びその評価額に精通することは、単に固定資産税の税額計算等に資するのみならず、不動産取得税及び都市計画税の税額計算等にも役に立つということがいえるのである。

2-8 国税とは争訟手続が異なる

2-8-1 国税の争訟手続

　近年、国税の争訟手続が少しずつ変貌している。

　その契機となったのは、行政不服審査法の改正に伴う国税通則法の改正である。

　すなわち、平成26年6月の行政不服審査法の改正により国税通則法が改正（平成28年4月1日施行）され、従来の「異議申立」は「再調査の請求」に改称されるとともに、税務署長ないし国税局長への異議申立を経ずに直接審査請求できることとなった（通法75①一）。

　国税通則法改正後の国税の争訟手続を図示すると、以下のようになる。

● 国税通則法改正後の国税の争訟手続

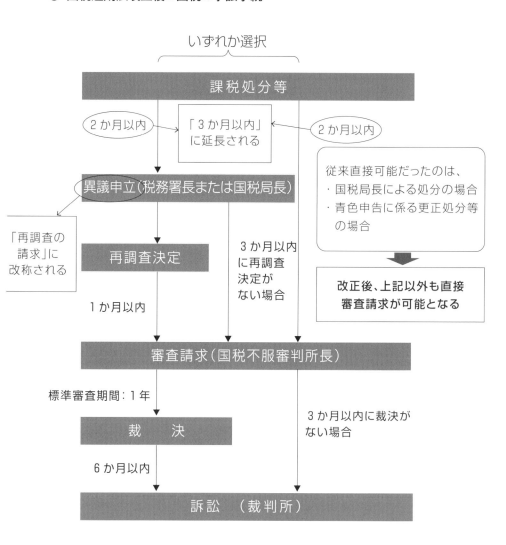

2-8 国税とは争訟手続が異なる

2-8-2　固定資産税の争訟手続

　地方税には国税における国税通則法のような不服申立ての包括的な特別法が存在せず、原則として行政不服審査法の規定が適用される。そのため、行政不服審査法の改正は、地方税の不服申立てや争訟手続にも影響を及ぼすこととなった。すなわち、行政不服審査法の改正に伴う地方税法の改正で、従来の「不服申立」及び「異議申立」という用語が廃止され、「審査請求」に統一されたのである（地法19）。

　地方税の争訟手続においては、国税における「再調査の請求（旧行政不服審査法・国税通則法の下では異議申立）」がなく、二段階の不服審査構造とはなっていないのが大きな特徴である[75]。もっとも、旧行政不服審査法の下においても、固定資産税のような市町村長が行った賦課決定処分[76]についての「異議申立」は市町村長に対するものであり、新行政不服審査法の下における市町村長に対する「審査請求」と、申立先について相違があるわけではない[77]。

　また、新行政不服審査法の下では、多くの法律に関し審査請求前置主義（審査請求を経ないと処分の取消等を求める訴訟を提起できない仕組み）が廃止されたが、地方税に関しては、国税の場合と同様に、改正後も審査請求前置主義が維持されている（地法19の12）。これは、地方税の賦課徴収または還付に関する処分は、大量かつ専門的・技術的性格を有するものであることがその理由であると一般に解されている[78]。

　ところで、固定資産税の争訟手続の特徴は、固定資産の評価額（登録価格）を争う場合と賦課徴収の違法性を争う場合とで手続が異なるという点にある。すなわち、前者の場合は固定資産評価審査委員会に対する「審査の申出」を行うのに対し、後者の場合は市町村長に対して「審査請求」を行うのである。以下で各々の手続をみていきたい。

75　碓井前掲注74論文160頁。
76　特別区の場合は東京都知事である。
77　なお、旧行政不服審査法の下での再審査請求は、地方税に関しては認められていなかった。
78　固定資産税務研究会編『平成26年版要説固定資産税』（ぎょうせい・平成26年）286頁。

2-8-3 固定資産の評価額を争う場合

まず、固定資産の評価額（価格）を争う場合においては、処分庁である市町村長から独立した、第三者的な争訟裁断機関である固定資産評価審査委員会に対する「審査の申出」というルートを経ることとなる。これは、①審査の中立性の確保及び②審査処理の迅速化に伴う課税の円滑な遂行のため、と解されている（最高裁平成2年1月18日判決・民集44巻1号253頁参照）[79]。

固定資産税の争訟手続のうち、評価額を争う場合の手続を図示すると以下のようになる。

● 固定資産税の争訟手続その1（評価額を争う場合）

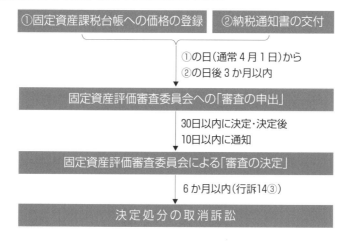

上記に関連し、「審査の申出」ができるのは納税者であって、借地人や借家人、等の利害関係者は当該申出をすることができない点には留意すべきであろう。

なお、固定資産の評価額を争う場合に関しては、新行政不服審査法の下でも申出期間が延長された（従来60日⇒3か月）他は特に何ら改正がなかったところである。

---

[79] 固定資産税務研究会前掲注78書250頁。

2-8-4 固定資産税の賦課徴収に係る違法性を争う場合

　次に、固定資産税の賦課徴収に係る違法性 (価格以外を争う場合) についての審査請求は、市町村長に対して行う (特別区の場合は東京都知事)。例えば、マンション居住者専用の駐車場に関し、住宅用地の軽減特例が適用されていないため、その是正を求めて審査請求を行う場合がそれに当たる。

　当該審査請求を行う場合、固定資産の価格の決定について不服があることをその理由とすることはできない (地法19の5)。何故なら、固定資産税の賦課徴収の権限を有する市町村長は、その価格の決定に関する権限を有しないからである[80]。同様に、固定資産評価審査委員会に審査の申出を行うことができる事項については、固定資産税の賦課徴収に係る審査請求の理由とすることはできない (地法432③)。

　その結果、何が問題となるのか。それに関しては、課税台帳に登録された価格帳簿の縦覧期間 (毎年4月1日から4月20日または当該年度の最初の納期限の日のいずれか遅い日以後の日までの間、地法416①) を徒過すると、原則として当該台帳に登録された「価格」について争うことができなくなるという点が挙げられる[81]。

　また、旧行政不服審査法の下では、その申立を受理した日から30日以内に裁決をしなければならないこととされていたが (旧地法19の9)、行政不服審査法の改正に伴い標準審理期間の規定が設けられたため、現行制度 (地方税法) においては期間の定めがない。

　なお、審査請求においては、審査請求人の不利益にその処分を変更することはできない。

　固定資産税の争訟手続のうち、賦課徴収の違法性を争う場合の手続を図示すると以下のようになる。

---

[80] 固定資産税務研究会前掲注78書280頁。
[81] 金子前掲注1書696-697頁。

● 固定資産税の争訟手続その２（賦課徴収の違法性を争う場合）

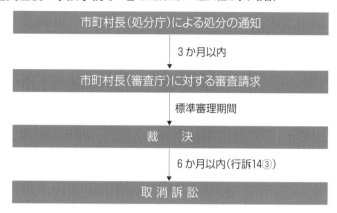

2-8-5 地方税法における審査請求等の処理状況

　固定資産税に関する審査請求等の件数はどの程度あるのだろうか。固定資産税のみの統計は見当たらないが、地方税全体の統計であれば総務省行政管理局が発表しているもの（平成26年度で旧行政不服審査法下でのもの）がある。それをまとめた表は以下のとおりである。

● 地方税における異議申立ての件数

（単位：件）

	前年度未処理	新規	認容	棄却	却下	その他	取下げ	未処理
全体	147	964	27	651	280	2	64	87
政令指定都市	102	255	3	203	82	0	29	40
県庁所在市*	2	89	4	67	14	1	3	2
市・区	40	554	20	341	164	1	27	41
町村（異議申立）	0	49	0	29	13	0	5	2
町村（審査請求）	3	2	0	4	0	0	0	1

（注）政令指定都市を除く。

(出典)総務省行政管理局「平成26年度における行政不服審査法等の施行状況に関する調査結果」(平成27年12月)より筆者作成

処理件数に占める認容件数の割合は2.6%で、国税のケース(異議申立て:9.3%、審査請求:8.0%)と比較すると非常に低い。

同時期における国税に関する不服審査(異議申立て及び審査請求)の件数は以下のとおりである。

● 国税における不服審査(異議申立て及び審査請求)の件数

	前年度繰越	新規	取下げ	却下	棄却	取消*	その他	翌年度繰越
異議申立	640	2,755	378	263	1,802	(67) 256	46	650
審査請求	2,570	2,030	188	165	2,388	(117) 239	―	1,620

(注)取消(地方税における認容に相当)のカッコ内は、取消の内の「全部取消」を指す。
(出典)国税庁『統計年報(平成26年)』「不服審査」

地方税のなかでも固定資産税は訴訟により争われる事案が多いが、不服申立てにより救済されるケースがそれほど多くないこともその理由の一つと考えられる。

2-8-6 固定資産税と国家賠償請求訴訟

国家賠償請求訴訟は、国・地方の税務職員の違法な公権力の行使によって納税者が受けた損害の賠償を国または地方公共団体に求める訴訟で、民事訴訟の一類型である[82]。

国家賠償を求めるためには、原則として、その損害が公務員の故意または過失によるものであることが必要であるが、なかには法律上、国の無過失責任を認めている条項もある(徴法112)。

---

82 金子前掲注1書1030頁参照。

固定資産税に関しては、 2-8-4 で述べたとおり、課税台帳に登録された価格帳簿の縦覧期間を徒過すると、当該台帳に登録された「価格」について争うことができなくなるという問題がある。そのため、当該期間を徒過した後に国家賠償請求訴訟を提起するという方法により、この問題に対処する事案がこれまでにいくつもあった。学説上、従来は当該ルートによることを否定するものが有力[83]であったが、判例上認容されている（浦和地裁平成 4 年 2 月24日判決・判時1429号105頁、広島高裁平成 8 年 3 月13日判決・判自156号48頁）。これは、固定資産税が賦課課税方式であることや、争訟手続のルートが他の税目と比較して特殊であることがその理由と考えられる[84]。

---

[83] この点をまとめた論考として、占部裕典『租税法の解釈と立法政策Ⅱ』（信山社・2002年）807－811頁参照。

[84] 占部前掲注83書815頁。

2-9 固定資産税評価額を時価として利用できるか

2-9-1 税務上の時価概念

　税務上頻繁に用いられるにもかかわらず、その内容が多義的で税務の専門家でも判断に迷うケースが多い概念の一つが「時価」である。

　相続税法では、財産の価額は当該財産の取得時における「時価」により評価することとされている（相法22）。ここでいう「時価」とは、法律にはそれ以上の定めはなく、法律の解釈を示した通達によれば、課税時期において、不特定多数の当事者間で自由な取引が行われる場合に通常成立すると認められる価額（客観的交換価額）をいい、その価額は、原則として財産評価基本通達の定めに従って評価した価額である、とされている（評基通1（2））。相続税に関しては、土地のように「時価」が容易に判明しない財産も評価して価格を算定し、それに基づいて申告する必要があるため、通達及び路線価図で事細かに評価方法を規定して納税者に便宜を図るというのが、相続税法及びその執行の基本的なスタンスであると考えられる。また、納税者側からみても、これまでの実務の積み重ねで、通達に定められた評価方法は概ね妥当であるという「信頼」があるものと考えられる。

　一方、所得税法においては、個人が法人に対して資産（土地）を著しく低い価額（時価の2分の1未満、所令169）で譲渡した場合、その低い価格で譲渡があったとするのではなく、そのときにおける価額に相当する金額で譲渡があったとみなすものとされている（みなし譲渡、所法59①）。ここでいう「そのときにおける価額」は、判例上、通常の取引価額すなわち「時価」と解されており、土地の場合、相続税評価額ではない（東京地裁平成2年2月27日判決・訴月36巻8号1532頁）。しかし、土地の相続税評価額を求めるのはそれほど難しくないが、「通常の取引価額」を導き出すのは、実務上困難であることが少なくない。

　ネットで確認すれば取引価額が逐一表示される上場有価証券であればともか

くとして、土地の場合、「通常の取引価額」すなわち「時価」がいくらであるのかを確認する術は、公示価格が付されている宅地やその付近の宅地を除けば、通常存在しない。そのため、仮に判例上、土地の時価は相続税評価額ではないとされるとしても、実務を担当する者としては、それは「机上の空論」ではないか、具体的にどうすればよいのか、毎回不動産鑑定士に安くない報酬を支払って鑑定評価書を入手しろとでもいうのか、と反論したくなるところである。

2-9-2　土地の時価と固定資産税評価額

　もっとも、上記のような裁判で「時価」が争われる事案は、実際のところ、納税者の提示する「時価」が「通常の取引価額」と相当程度乖離しているような租税回避事案であろう。そうであれば、租税回避といえないような通常の事案については、時価（公示価格水準）の8割（平成4年から）とされる相続税評価額をベースに土地の価格を算定しても問題ないのではないだろうか、とも考えられる。

　ところで、土地の固定資産評価額は、地価公示価格の7割であるとされる（固定資産評価基準第1章第12節一）。この水準は相続税と比較すると1割低いが、これは土地の利用によって経常的に得られる利得を原資に納付するという固定資産税の性格から、安全性を重視して負担水準をやや抑えたため、と説明されることがある[85]。固定資産税は相続税と同様に財産税としての性格を有するというのが通説であるが[86]、その実質をみると、保有することによって得られる賃借料なり帰属家賃なりが担税力を生み出していると考えるのが自然であり、収益税と捉えることも可能であろう。そうであれば、固定資産税の課税対象である土地の評価額は収益還元的な価格[87]となり、土地から得られる利得を反映すべきということになる。土地から得られる利得は上下するものであり、にもかかわらず一律「7割評価」というのは、果たして妥当なのかという疑問も生じる。すなわち、収益還元的な価格は公示価格の7割を下回っても問題なく、仮にその価格では十分

---

[85] 田中一行・品川芳宣・福井康子「固定資産税の適正な負担を考えるための提言〜7割評価から収益方式へ〜」『税』2001年7月号20頁参照。

[86] 金子前掲注1書692頁。

な税収を上げられないというのであれば、税率を引き上げればよいのではないかということになる。

とはいえ、固定資産評価基準で「７割評価」を謳っていることからすると、実務上は、租税回避的な事案を除き、土地の時価の算定の際、簡易的・代替的に、固定資産税評価額を７割で割り返して時価を求めるという方法を用いることも、多くの場合問題ないものと考えられる。

なお、固定資産税に関し、土地の適正な時価が争われた事案も少なくないが、その代表的なものは第３章で触れることとする。

● 固定資産税評価額と時価との関係

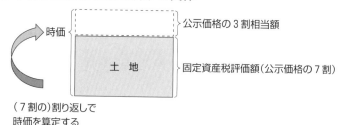

---

87 学説的には、収益還元価格（収益還元価格説）に対して取引価格を重視する立場（取引価格説）がある。取引価格を重視する立場は、わが国の土地取引や土地価格の実態として、収益価格よりもキャピタルゲインを見込んだ価格形成が行われてきたことをその根拠としているものと考えられるが、近年は両者の立場の違いがなくなりつつあるようにみえるところである。平川英子「固定資産税における時価の諸問題」首藤重幸編『租税法における財産評価の今日的理論問題』(日本税務研究センター・平成28年) 216頁参照。

2-10 固定資産評価基準の法的意義

2-10-1 固定資産評価基準の意義

　固定資産税の税額は課税物件である固定資産の価格に依存するが、当該価格は固定資産の評価に基づき決定される。そのため、固定資産税において、固定資産の評価は税制の中核をなすものであるが、その方法は多分に専門的かつ技術的なものであり、一般の納税者が容易に習得できるものではない。また、評価方法について地域的不均衡が生じるのは課税の公平の観点から望ましくないことから、総務大臣が固定資産の評価方法について統一的な基準を定めて公表（告示）しているが、これが「固定資産評価基準」である（地法388①）[88]。

　固定資産評価基準の法的性格については、これは一種の委任立法であり、また補充立法、すなわち一種の「法規」であると解するのが有力である[89]。この点について争われた大阪地裁平成11年2月26日判決・訟月47巻5号977頁（控訴審大阪高裁平成13年2月2日・訟月48巻8号1859頁も同旨）によれば、裁判所は以下のとおり、当該基準の作成を総務大臣に委任していることは、地方公共団体の自治権を害するものではなく、また租税法律主義に反するものでもないとしている。

　「租税法においては多分に専門的技術的かつ細目的な事項が存在し、例えば固定資産税の場合、それぞれ立地条件、使用状況等が異なる個々の課税客体について、公平に課税するとともに、課税標準算出の手続等を明確にするためには、専門的で複雑な規定を要するものであることは明らかであって、租税法については、課税の公平化、課税要件の明確化を期する観点からも、個々の事案ごとに税額を決する基準を詳細に定めることが要請されるところである。しかしなが

---

[88]　金子前掲注1書715頁。
[89]　金子前掲注1書716頁。

ら、これらの課税要件のすべてを法律又は条例で規定することを求めることは実際上困難であり、憲法は、租税法においても、複雑多岐にわたり急速に推移変遷する経済状況に有効適切に対処し、課税の公平と評価の均衡を達成するため、一定の範囲で課税要件及び租税の賦課徴収に関する手続を法律又は条例から下位の法形式に委任することも許容しているというべきである。

　もっとも、委任が認められるといっても、それは具体的個別的な委任に限られ、概括的白地的な委任は許されないと解されるところ、具体的個別的な委任であるといい得るためには、委任を認める法律自体から委任の目的、内容、程度などが明確にされていることが必要というべきであり、また、租税法律主義（課税要件法定主義）の趣旨及び右委任が必要とされる根拠に照らせば、課税要件のうち基本的事項は法律で定めることが求められ、委任の対象は専門的技術的かつ細目的な事項であることを要するというべきである。

　そこで、これを固定資産評価基準についてみると、地方税法は、課税客体を固定資産すなわち土地、家屋及び償却資産（地法342①、341一）、課税標準を賦課期日における適正な時価で固定資産課税台帳に登録されたもの（地法349、349条の2、341五）、標準税率を100分の1.4（地法350①本文）と定めた上で、地方税法第388条第1項において、固定資産の評価の基準並びに評価の実施の方法及び手続（固定資産評価基準）について、自治大臣（筆者注：当時、以下同じ）の告示に委ねている（なお、自治大臣は告示を発することができ（国家行政組織法14①）、右告示が法律に対する下位の法形式として委任の対象になり得ることは明らかである。）のであって、<u>地方税法は、課税要件のうち、課税客体、課税標準及び標準税率といった基本的事項を定めた上で、固定資産の評価の基準、評価の実施方法、さらにその手続といった専門的技術的かつ細目的な事項を自治大臣の告示に委任し</u>、また、右委任は、固定資産の評価の基準等を明確にし、全国的な固定資産の評価の統一を図り、市町村間の均衡を維持するという見地から委任したものであり、委任の目的、内容、程度なども地方税法388条1項の規定上、明確であるということができる。

　結局、固定資産評価基準を自治大臣の定める告示に委任した地方税法388条1項は憲法84条に違反するものではなく、原告らの主張は採用できない。」（下線

部筆者)

2-10-2 固定資産評価基準と時価

　次章でみるとおり、固定資産税をめぐる争訟事案は少なくないが、近年問題となっている事案として、実際の取引価格が大幅に下がっているにもかかわらず、固定資産税評価額がそれを反映せず、固定資産税額が高止まりし、不動産保有者が高い税負担にあえいでいるというものがある[90]。

　固定資産評価基準によれば、宅地の評価は標準宅地の適正な時価に基づいて行うものとされる。また、当該「適正な時価」は売買実例価額を基準に求めることとなる(固定資産評価基準第1章第3節二(一)3(1))。ただし、当該時価は当分の間、地価公示法による地価公示価格及び不動産鑑定士等による鑑定評価から求められた価格等を活用し、その価格の7割とするとされている(同基準第1章第12節一)。

　そうなると、不動産保有者は不動産の実際の取引価格(時価ないし実勢価格)を反映したいわゆる「時価評価方式」を要求することとなるが、このような要求は現行税制上、受け入れられるのであろうか。仮に、固定資産評価額が適正に実施された鑑定評価額を超える場合、すなわち「逆転現象」が生じた場合には、判例上、違法と判断される可能性が高い[91]。

　しかし、市町村側は「時価評価方式」を容易に容認するような状況にはない。なぜなら、市町村の税収における固定資産税のウェイトは高く、固定資産税評価額に実勢価格を反映させると、税収が大幅に落ち込むことが予想されるためである。バブル期に別荘地やリゾート地、ゴルフ場として開発された地方都市等においては、今後も、高すぎる不動産の評価額が争われる裁判が続発することが想定されるところである[92]。

90　例えば、2017年1月28日付朝日新聞「高い固定資産税　町と綱引き」で、新潟県湯沢町のリゾートマンションの事例が採り上げられている。
91　これは、最高裁平成15年6月26日判決・民集57巻6号723頁により確立されたといえる。

2-10-3 固定資産評価基準の法的位置付け

それでは、不動産を含む固定資産の評価方法を定めた固定資産評価基準は、法的にどのように位置付づけられているのであろうか。裁判所は、以下のとおり、固定資産税の課税対象資産の評価については、固定資産評価基準に拘束されないとしている（東京高裁平成13年4月17日判決・判時1744号69頁）。

「固定資産評価基準による価格の評価は、多数にのぼる対象土地について、逐一鑑定するなどの手数と費用をかけて評価することに代えて、地域ごとにいわば全体を代表する土地（標準宅地）を決めて、これを正確に評価し、残りの土地については、これをもとに類推して、価格を決める仕組みである。課税にかかるコストを低減しながら、ある程度の幅での価格の妥当性を確保する手法として、法によって認められたものであるから、この基準によって評価されていれば、その価格に一応の妥当性があるものと推認することができる。しかしながら、例えば標準宅地の選定や価格の判定においては、一義的に決定し難い様々な要素や価値判断が混入してくるのであり、この基準によって評価されたというだけでは、常に評価の妥当性が保証されるものでもないものである。したがって、訴訟における審理や評価審査委員会における審査の結果、この基準による評価と異なる価格をもって相当と認められる場合には、審理や審査の結果相当と認められる価格に修正しなければならないものである。」（下線部筆者）

固定資産評価基準による評価が常に固定資産の妥当な評価額を導くわけではないという点では、上記判示は妥当といえよう。しかし、固定資産評価基準のような明文化された基準に依拠して固定資産の評価を行うというプロセスを経ることが、租税法律主義（課税要件法定主義及び課税要件明確主義）及び予測可能性の確保の観点から求められているといえるのではないだろうか。

そう考えると、固定資産評価基準は、立法論かもしれないが[93]、法律または政

---

92 熱海の保養施設に係る固定資産税が不当に高すぎるとしてその所有者が提訴した事案では、不動産の評価方法に収益還元法によることが認められず、取引事例比較法によるものが適当とされ、所有者側が敗訴している。静岡地裁平成15年5月29日判決・判例集未搭載参照。

93 金子前掲注1書716頁参照。

省令に定めることが望ましいといえよう[94]。この場合、租税法規及び税務執行の簡素化の観点[95]から、租税法全般に適用される統一的な評価基準を制定することも検討されるべきといえる。

ちなみに、ドイツには、租税法における評価作業に係る通則的な機能を有する財産評価法（Bewertungsgesetz）という法律が存在する[96]。ドイツにおける議論は、わが国における評価基準の法定化の際、参考資料となるだろう。

2-10-4　固定資産評価基準と異なる評価は容認されるか

固定資産評価基準は合理的な評価基準ではあるものの、法令そのものではないのであるから、それに従わない評価が直ちに違法となるわけではない。むしろ、固定資産評価基準に従わない評価方法のほうが合理的であるならば、そのような評価方法のよるほうが妥当といえる。

また、前述の固定資産評価基準の法定化に関連し、留意すべきは、仮に固定資産評価基準の法定化ないし統一的財産評価基準法の制定がなされたとしても、当該基準を常に画一的に当てはめるのではなく、場合によっては、基準とは異なる評価方法の適用も容認され得るということである。

2-10-5　固定資産評価基準と土地の評価

固定資産評価基準においては、土地の評価は売買実例価額を基準にすべきとしている（固定資産評価基準第1章第2節～第11節）。

これに対して、土地の評価方法としては、一般に収益還元法と取引事例比較

94　相続税に関しても評価基準を通達によるのではなく法定化すべきとする見解として、田中治「事業承継税制のあり方」『租税法研究』第38号103頁参照。

95　仮に相続税と固定資産税の評価の統一・一元化ができれば、行政の大幅な効率化につながるが、国と地方にまたがる問題であり、実際に実行されるまでには様々なハードルがあることが想定される。

96　手塚貴大「日本における財産評価法制定の可能性」首藤重幸編『租税法における財産評価の今日的理論問題』（日本税務研究センター・平成28年）251頁参照。

法[97]とがある（不動産鑑定評価基準第7章第1節）。このうち「取引事例比較法」は、評価対象となる土地の近隣の取引事例と比較して評価する方法で、固定資産評価基準にいう売買実例価額を基準にする方法と同様であると考えられる。

一方、「収益還元法」は、不動産から得られる地代・家賃等の収益を将来にわたって算出し、それを現在価値に割り引いて評価する方法である。

それでは、固定資産の評価において、収益還元法を用いることは可能なのであろうか。これについて争われた事案があり、東京高裁は以下のとおり適正な時価とは土地から得ることのできる収益を基準に資本還元して導き出された価格であり、収益還元法を用いることは可能であるとした（東京高裁平成14年10月29日判決・判時1801号60頁）。

「財産税であるから常に売買実例価格でなければならないとすれば、固定資産である建物や農地も売買実例価格によって評価しなければならないこととなろう。しかし、建物の評価については売買実例価格や市場価格は採用されず、再建築費で評価されている。また、農地の評価についても売買実例価格ではなく、収益還元価格が採用されている。このこと一つをとっても、財産税だからアプリオリに売買実例価格あるいは市場価格になるということに、根拠のないことは明らかである。」

「売買実例価格（市場価格）説は、一種のドグマにとらわれた解釈であり、法の適正な解釈は、固定資産税の制度趣旨の探求によってのみ、実現されるべきものなのである。」

「（中略）けだし、物税とは、いわば物それ自体が税を負担する税であるが、値上がり益は、本来売り主に帰属するものであって、物それ自体や買い主には帰属しないからである。帰属しない利益をあたかも帰属するかのようにして課税するのは、税の制度そのものを否定するに等しく、容認されえないものといわねばならない。控訴人は、この点に関して、その物の標準的な収益で固定資産税が支払えなければ、所有者がその他の所得や貯蓄を取り崩して支払えばよいと主張する。しかし、これは、物それ自体が税を負担するという物税の意味を理解せず、

---

[97] ほかに「原価法」があるが、建物の評価には用いられるが土地の評価には通常用いられない。

固定資産税をあたかも人税（その人個人の所得や資力などの担税力で支払う税）であるかのように主張するものであり、採用することができない。」

「また、毎年課される物税において、その年以外の将来の収益の現在価値に課税することは、その収益が生まれる年度の課税の財源を先食いするものである。その将来の年度が到来したときには、課税のもとになる税源は失われていることになるから、制度自体がみずからその存在根拠を否定するに等しい。商法の分野でのいわゆるたこ足配当などと同じく、不健全な考え方であるといわねばならない。」

「(中略) 以上のようなことから、固定資産税の課税標準である『適正な時価』は、値上がり益や将来の収益の現在価値を含まない、当該年度の収益を基準に資本還元した価格によって算定されねばならないのである。」（下線部筆者）

しかし、上告審である最高裁平成18年7月7日判決・判タ1224号217頁では、「土地に対する固定資産税は、土地の資産価値に着目し、その所有という事実に担税力を認めて課する一種の財産税であって、個々の土地の収益性の有無にかかわらず、その所有者に対して課するものであるから、その課税標準とされている土地の価格である適正な時価とは、正常な条件の下に成立する当該土地の取引価格、すなわち、客観的な交換価値をいうと解される（下線部筆者）」と控訴審以後に出された最高裁判決（最高裁平成15年6月26日判決・民集57巻6号723頁）を踏襲して、適正な時価とは客観的な交換価値であり、収益還元価格ではないとされた。

前述のとおり、土地に係る固定資産税の負担が高すぎるとされるのは、かつて土地の価格が上昇したものの、バブルの崩壊等で実勢価格が大幅に減少したにもかかわらず、評価額にそれが反映していないケースである。収益力の低下した土地については、収益還元価格で評価すれば価格が抑えられる一方で、売買実例等にはそれが反映しないため、評価額が高止まりしてしまう傾向にある。今後は、どのような事例であれば収益還元価格が認められていくのか、裁判例の蓄積が待たれるところである。

2-10-6 相続税と固定資産税の評価基準の統一

前述 2-10-3 の固定資産評価基準の法定化の議論において、租税法に関する統一的な評価基準の制定について触れた。それでは、それが実際に可能なのであろうか、土地に関する相続税と固定資産税の評価基準を例にとって若干考察してみる。

相続税の土地の評価については、現在時価（公示価格）の8割程度で行うこととされている。これについて判例（東京高裁平成11年8月30日判決・税資244号400頁）では、「法22条は、相続に因り取得した財産の価額は、当該財産の取得の時における時価によるものと規定しており、右にいう『時価』とは、不特定多数の当事者間で自由な取引が行われる場合に通常成立すると認められる価額（客観的時価）をいうものと解される。」としており、相続税の財産評価は取引価額がベースになると解される。また、ここでいう「客観的時価」の算定については、「評価通達の定める路線価方式によれば、路線価が評価の安全性の確保の観点から公示価格の8割程度とされている（下線部筆者）」とされており、公示価格の8割とすることが明らかにされている。

一方、固定資産税に係る土地の評価は、公示価格の7割を目途に評定されるものとされているが（固定資産評価基準第1章第12節一）、これは相続税の評価のように、単純に「評価の安全性の確保」の観点から定められた水準であるとはいえない。この点は、以下の裁判例（名古屋地裁平成14年9月27日判決・TAINS Z999-8059）からも窺い知ることができるように、固定資産税特有の事情を配慮して定められているものと考えられる。

「平成4年1月22日自治固第3号自治事務次官通達は、宅地の評価に当たっては、地価公示法による地価公示価格、国土利用計画法施行令による都道府県地価調査価格及び不動産鑑定士又は不動産鑑定士補による鑑定価格から求められた価格を活用することとし、これらの価格の一定割合（当分の間この割合を7割程度とする。）を目処とする旨を指示し、これを受けた平成4年5月22日自治評第6号自治省税務局長通達は、地価公示価格の7割程度を目標に宅地の評価を行うべき旨指示していることは当裁判所に顕著である。」

「しかしながら、上記事務次官通達等は、『固定資産の評価の基準並びに評価の実施の方法及び手続』(法388条1項) について定めた評価基準についての通達(昭和38年12月25日自治乙固発第30号) の一部を改正するものであって、<u>いわゆるバブル経済の影響による評価額の異常な上昇という事態を踏まえ、地価公示や相続税評価などの公的土地評価については相互の均衡と適正化を図るという観点から、地価公示価格に対する収益価格の割合、地価安定期における評価額の地価公示価格に対する割合等に関する調査報告を踏まえて、納税者の税負担に急激な変化が生じないような適正な調整措置として発出されたものである。</u>」(下線部筆者)

　そうなると、相続税と固定資産税に関し、評価基準の統一を図ることはそう簡単ではないということがいえそうである。特に、相続税の評価は毎年行っているのに対し、固定資産税の評価替えは課税実務の簡素合理化の観点[98]から3年に一度というタイミングであるという点は見逃せない。

　そこで、仮に実施するとすれば、平成6年度に導入された固定資産税の負担調整措置が一段落し、地価の急激な上昇・下降がみられなくなってからではないかと考えられる。

98　佐賀地裁平成19年7月27日判決・判自308号65頁参照。ただし、同判決では「固定資産の価格が短期間に大幅に変動を来すことはなく」としており、毎年評価替えをする必要性はそれほど大きくないという旨を指摘している。

第3章

3-1 法人税の課税所得計算における未経過固定資産税の損金性が争われた事例

（福岡高裁平成28年3月25日判決・TAINS Z888-1991・棄却・確定、一審は長崎地裁平成27年10月15日判決・TAINS Z888-1948）

3-1-1　事案の概要

　Aは、平成22年4月、土地建物を売買により取得し、その際に、その年の固定資産税及び都市計画税の税額のうち、日割計算による未経過分に相当する固定資産税等日割分を支払うことを合意して、同額の金銭である本件精算金を売主Bに支払い、法人税について、本件精算金の額を一般管理費である租税公課として損金の額に算入して確定申告をした。ところが、長崎税務署長から、本件精算金は上記土地建物の取得価額に算入すべきものであり、租税公課として損金の額に算入することはできない等として、法人税の更正処分等を受けた。

　本件は、Aが、被控訴人（一審被告・国）に対し、本件精算金は上記土地建物の取得価額に含まれず、損金の額に算入すべきものである等と主張して、その取消を求めた事案である。

● 固定資産税の精算金

土地建物の取得価額か、損金算入すべき租税公課か？

3-1-2 裁判所の判断

<固定資産税の課税>

　控訴人Aは、①最高裁昭和47年判決(最高裁昭和47年1月25日判決・民集26巻1号1頁)は、地方税法が課税理論を考慮せず徴収技術から固定資産税の納税義務者を定めている旨判示していること、②固定資産税の課税根拠は、市町村の行政サービスに対する応益課税であることから、固定資産税は、徴税技術上の負担義務者に課税されるのではなく、課税理論上の負担義務者に課税されるべきものであると主張する。

　しかし、地方税法上、固定資産税の納税義務を負うのは一定の時点の所有名義人のみであり、その時点以降当該不動産等を譲り受けた者がいるとしても、当該譲受人が前記納税義務を負うものではない。そして、最高裁昭和47年判決は、課税上の技術的考慮から上記方式を採用していることを述べているにとどまり、地方税法が課税理論を考慮していないことを述べているものではない。

　さらに、固定資産税の課税根拠として市町村の行政サービスに対する応益課税であるという側面があるとしても(それが学説上の通説であるとしても)、それをもって、直ちに課税理論上の負担義務者に課税義務があることにはならない(そもそも地方税法は、所有期間に応じて各所有者に課税義務を負わせる規定とはなっていない)。

　したがって、控訴人の上記主張は採用できない。

<精算金の法的性質>

　控訴人は、本件精算金が「取得価額」や「購入の代価」であると認定することは、法令の規定なくして行った認定であり、法人税法及び企業会計原則に違反すると主張する。

　しかし、本件精算金の取扱いについて法令の定めがない以上、その実態に即して法人税法等関係法令の解釈の結果、処分行政庁が「取得価額」や「購入の代価」と認定したものであり、それ自体何ら法令違反は認められない。控訴人の上記主張は失当である。

　控訴人は、本件精算金の支払義務は、固定資産の所有に着目した応益的な負担という意味で、固定資産税としての実質は失われていない等と主張する。し

かし、本件精算金は当事者間の合意に基づいて発生したものである上、地方税法上、所有期間に応じて各所有者が課税義務を負う規定とはなっていないことは前記のとおりである。したがって、控訴人の上記主張は失当である。

＜精算金と契約＞

控訴人は、本件精算金の支払は、昭和36年最高裁判決（昭和36年11月21日判決・民集15巻10号2507頁）のとおり、売買当事者間の衡平を図るために売買契約において付随的に合意した義務の履行としての支払であると主張する。しかし、本件契約書第8条及び第10条を合わせると、<u>本件売買契約においては固定資産税等日割分の支払について合意し、それも解除事由となることから、契約の要素となっているというべきである</u>。控訴人の上記主張は失当である。

なお、控訴人の前記主張は、固定資産税日割額もガス、電気、水道等の料金の日割精算金と同質であり、販売費及び一般管理費となることをいうものと理解される。しかし、<u>前者は、当該不動産の引渡前に既に売主において発生している支出であって、引渡しによって新たに買主が負担すべき事後的支出ではないのに対し、後者は、引渡後は当然に買主が負担すべき事後的支出である点で性質が異なり、両者を同様に理解する必要はない</u>。

この点でも控訴人の前記主張は失当である。

3-1-3 当該裁判例の意義

不動産の売買契約においては、年の途中当該売買が実行される場合、その年の1月1日（固定資産税の賦課期日）から売買期日までの間の固定資産税相当額（未経過固定資産税額）を精算する条項が入っているのが通常である（ 1-3 参照）。

それでは、当該固定資産税相続額の精算金は、不動産の買主にとって、租税公課としてその所得計算上損金ないし必要経費となるのか、それとも取得原価の一部として課税が繰り延べられる（当該不動産を更に売却した時点において譲渡益が精算金分だけ圧縮される）のか、この点が争われたのが本件である。

裁判所は当該精算金に関して、年の途中で固定資産の売買契約を締結するに際し、買主が売主に対し、売主が納税義務を負担する固定資産税等の税額のう

ち売買契約による所有権移転等の後の期間の部分に相当する金額（固定資産税等日割分）を支払う旨の合意をしたとしても、その合意に基づく買主の支払は、<u>固定資産税等に係る買主の納税義務に基づくものではなく、固定資産税等そのものではないことが明らかである</u>として、租税公課として損金ないし必要経費とする解釈を否定したところである。

　すなわち、本件精算金は、実質的には、不動産の売買契約に基づく当該不動産の「購入の代価」の一部をなすもの（売主にとっては譲渡収入の一部となる）と解するのが相当ということである。

　なお、当該精算金に係る消費税の取扱いに関しては、土地に係る部分は土地の購入対価に含めて「非課税仕入れ」となり、建物に係る部分は建物の購入対価に含めて「課税仕入れ」となる（消基通10－1－6）。

3-2 適正な時価の意義

（最高裁平成15年6月26日判決・民集57巻6号723頁）

3-2-1 事案の概要

　東京都千代田区内の土地（以下「本件土地1」という）及び同区内の土地（以下、「本件土地2」といい、これらを合わせて「本件各土地」という）の固定資産税の納税義務者である被上告人が、東京都知事によって決定され、東京都千代田都税事務所長によって土地課税台帳に登録された本件各土地の平成6年度の価格について、上告人（東京都固定資産評価委員会）に対して審査の申出をしたところ、上告人から、平成7年6月2日付けで本件土地1の価格を10億9,890万1,690円、本件土地2の価格を1,103万3,010円とする決定（以下「本件決定」という）を受けたため、本件決定のうち本件土地1について1億3,629万2,820円を超える部分、本件土地2について91万8,500円を超える部分の取消を求めた事案である。

3-2-2 裁判所の判断

＜上告棄却＞
＜土地に対する固定資産税の性格と適正な時価の意義＞
　土地に対する固定資産税は、土地の資産価値に着目し、その所有という事実に担税力を認めて課する一種の財産税であって、個々の土地の収益性の有無にかかわらず、その所有者に対して課するものであるから、上記の適正な時価とは、正常な条件の下に成立する当該土地の取引価格、すなわち、客観的な交換価値をいうと解される。したがって、土地課税台帳等に登録された価格が賦課期日における当該土地の客観的な交換価値を上回れば、当該価格の決定は違法となる。
　他方、法は、固定資産の評価の基準並びに評価の実施の方法及び手続を自

治大臣の告示である評価基準に委ね(地法388①)、市町村長は、評価基準によって、固定資産の価格を決定しなければならないと定めている(地法403①)。これは、全国一律の統一的な評価基準による評価によって、各市町村全体の評価の均衡を図り、評価に関与する者の個人差に基づく評価の不均衡を解消するために、固定資産の価格は評価基準によって決定されることを要するものとする趣旨であるが、適正な時価の意義については上記のとおり解すべきであり、法もこれを算定するための技術的かつ細目的な基準の定めを自治大臣の告示に委任したものであって、<u>賦課期日における客観的な交換価値を上回る価格を算定することまでも委ねたものではない</u>。

　そして、評価基準に定める市街地宅地評価法は、標準宅地の適正な時価に基づいて所定の方式に従って各筆の宅地の評価をすべき旨を規定するところ、これに則って算定される当該宅地の価格が、賦課期日における客観的な交換価値を超えるものではないと推認することができるためには、標準宅地の適正な時価として評定された価格が、標準宅地の賦課期日における客観的な交換価値を上回っていないことが必要である。

＜評価額の算定＞

　原審が確定した事実関係によれば、本件決定において7割評価通達及び時点修正通知を適用して評定された標準宅地甲及び標準宅地乙の価格は、各標準宅地の平成6年1月1日における客観的な交換価値を上回るところ、同日における各標準宅地の客観的な交換価値と認められる価格に基づき、評価基準にのっとって、本件各土地の価格を算定すると、それぞれ10億7,447万9,380円及び1,078万7,810円となるというのである。そうすると、本件決定のうち前記各価格を上回る部分には、賦課期日における適正な時価を超える違法があり、同部分を取り消すべきものであるとした原審の判断は、正当として是認することができ、原判決に所論の違法はない。

● 対象土地の評価額

	土地1	土地2
東京都知事の決定額（平成6年度価格）	12億5,588万7,640円	1,268万8,440円
東京都固定資産評価委員会の決定額	10億9,890万1,690円	1,103万3,010円
原告の求める価格（平成5年度価格）	1億3,629万2,820円	91万8,500円
一審の算定額	10億7,447万9,380円	1,078万7,810円
最高裁の認定額	同　上	同　上

なお、固定資産税の7割評価は平成6年度評価替えから始まっており、上記表において、平成5年度価格から平成6年度価格が大幅に上昇しているのは、当該事情も反映しているものと考えられる。

3-2-3　当該裁判例の意義

当該最高裁判決は、固定資産税に関する裁判例のなかでも最も重要なものの一つであり、また、固定資産税における「適正な時価」の意義のリーディングケースである[99]。

固定資産税の性格については、固定資産の所有という事実に担税力を認めて課税する「財産税」という見解と、固定資産の使用収益に基づく収益力に担税力を認めて課税する「収益税」という見解とが対立しているが、当該最高裁判決は前者、すなわち、「土地に対する固定資産税は、土地の資産価値に着目し、その所有という事実に担税力を認めて課する一種の財産税であって、個々の土地の収益性の有無にかかわらず、その所有者に対して課するものである」とした。

もっとも、近年は土地取引において収益性が重視されていることから、両見解

---

[99] 渋谷雅弘「固定資産税における適正な時価」中里実他編『租税判例百選（第6版）』（有斐閣・2016年）184－185頁。

の差異が薄らいでいるとの指摘もある[100]。しかし、現在でも、例えばリゾートマンションの固定資産税評価額（取引価格がベース）は収益性を反映した実勢価格と相当程度乖離しており、両見解の対立は未だ解消されておらず、今後も問われ続けるものと考えられる（ 2-10 参照）。

---

[100] 渋谷前掲注99論文185頁。

3-3 農地に係る固定資産税の宅地並課税
(最高裁平成13年3月28日判決・民集55巻2号611頁)

3-3-1 事案の概要

　本件は、都市計画法7条1項に規定する市街化区域内にある農地を所有し、上告人らに賃貸している被上告人が、その農地に対する固定資産税及び都市計画税の合計額が平成4年度以降大幅に増加したことを理由として、農地法（平成12年改正前のもの）第23条第1項に基づき、上告人らに対して小作料を増額する旨の意思表示をし、同5年分及び同6年分の小作料の額がその意思表示に係る額であることの確認を求めた事件である。

　農地については従来、低く評価されてきたが、その結果宅地と農地の間の固定資産税負担の不公平が生じた。そこで、当該不公平を是正し、合わせて市街化区域の農地の宅地への転用を促進するため、三大都市圏の特定市の市街化区域内にある農地の固定資産税等については、昭和46年に行われた地方税法の改正によって、その課税標準となるべき価格を当該農地と状況が類似する宅地の課税標準とされる価格に比準する価格によって定めたうえで、農地に対して課する固定資産税等の特例を適用せず、上記課税標準となるべき価格に基づき算出した金額を課税標準として課税を行う措置（いわゆる「宅地並課税」）が導入された。

　この措置は昭和48年度に実施されて以降、その対象が段階的に拡大されてきたところ、本件の農地に対する固定資産税等の額が大幅に増加したのは、平成3年に行われた地方税法の改正により、同4年度以降、市街化区域内の農地から生産緑地地区の区域内の農地等を除いたもの（市街化区域農地）のうち、いわゆる3大都市圏の特定市に所在するすべての市街化区域農地について、宅地並課税がされるようになったことによるものである。

　原審（大阪高裁平成7年9月22日判決）は、農地法第23条第1項等の規定は、小作料の額は主として当該小作地の通常の収益を基準として定めるべきものとし

ているが、小作地に対して宅地並課税がされた場合には、事案によっては、固定資産税等の額が増加したことが、同項にいう「その他の経済事情の変動」に該当するものと解すべきである旨等判示し、被上告人の請求を宅地並課税によって増加した固定資産税等の額の限度で認容すべきものとした。

3-3-2　裁判所の判断

＜破棄自判＞

　農地法は、昭和45年に行われた改正によって、昭和14年の小作料統制令による統制以来行われてきた小作料の最高額の統制を廃止し、小作料を当事者の自由な決定に委ねるとともに（ただし、昭和55年9月30日まで統制を存続する旨の経過規定がある）、当初定められた小作料の額がその後の事情の変更によって不相当となった場合における小作料の増減請求に関する規定として第23条を置き、同条第1項は、「小作料の額が農産物の価格若しくは生産費の上昇若しくは低下その他の経済事情の変動により又は近傍類似の農地の小作料の額に比較して不相当となつたとき」には、当事者は、将来に向かって小作料の額の増減を請求することができる旨を規定した。この規定は、継続的契約関係における当事者間の利害を調整しようとする規定であって、借地借家法附則2条により廃止された借地法第12条第1項や借地借家法第11条第1項と同一の趣旨のものであるが、これらの規定が土地に対する租税その他の公課の増減を地代の額の増減事由として明定しているのに対し、経済事情の変動の例として「農産物の価格若しくは生産費の上昇若しくは低下」を挙げているに過ぎず、小作地に対する公租公課の増減を増減事由として定めていない。

　また、農地に対する宅地並課税は、市街化区域農地の価格が周辺の宅地並みに騰貴して、その値上がり益が当該農地の資産価値のなかに化体していることに着目して導入されたものであるから（最高裁昭和52年（オ）第773号昭和55年1月22日第三小法廷判決・裁判集民事129号53頁参照）、宅地並課税の税負担は、値上がり益を享受している農地所有者が資産維持の経費として担うべきものと解される。賃貸借契約が有償契約であることからみても、小作料は農地の使用収益の対価

であって、小作農は、農地を農地としてのみ使用し得るに過ぎず、宅地として使用することができないのであるから、宅地並みの資産を維持するための経費を小作料に転嫁し得る理由はないというべきである。

もっとも、農地所有者が宅地並み課税による税負担を小作料に転嫁することができないとすると、農地所有者は小作料を上回る税を負担しつつ当該農地を小作農に利用させなければならないという不利益を受けることになる。しかし、宅地並み課税の制度目的には宅地の供給を促進することが含まれているのであるから、農地所有者が宅地並み課税によって受ける上記の不利益は、当該農地の賃貸借契約を解約し、これを宅地に転用したうえ、宅地として利用して相応の収益を挙げることによって解消することが予定されているのである。また、賃貸借契約の解約後に当該農地を含む区域について生産緑地地区の指定があったときは、宅地並み課税を免れることができるから、農地所有者は、これによっても不利益を解消することができる。

農地所有者には宅地並み課税による不利益を解消する方法として、上記のとおりの方途が存在するのに対し、宅地並み課税の税負担を小作料に転嫁した場合には、小作農にはその負担を解消する方法が存在せず、当該農地からの農業収益によって小作料を賄うこともできないことから、小作農が離農を余儀なくされたり小作料不払により契約を解除されたりするという事態をも生じ兼ねないのであって、小作農に対して著しい不利益を与える結果を招くおそれがあるというべきである。

3-3-3　当該裁判例の意義

農地に関する小作料の統制撤廃後、宅地並課税により固定資産税の額が増額したことを理由として、小作料の増額請求をすることができるのかについて、全国で多数の事件が発生したが、最高裁としてそれはできないものと解したのが本件判決である[101]。最高裁がこのように解したポイントは、固定資産税等の小作

---

[101] 判例評釈として、碓井光明「宅地並み課税と小作料増額請求」水野忠恒他編『租税判例百選（第 5 版）』（有斐閣・2011年）172－173頁等がある。

料への転嫁により、小作農が得る農業収益を上回るような小作料の支払を来すこととなる小作料の増額請求は妥当ではない、という点にあるものと考えられる。

　当該判決については6裁判官の反対意見があるが、そのうち3裁判官（福田・藤井・大出）の反対意見の趣旨は以下のとおりである。すなわち、小作料はその基本原理として、小作農が得る農業収益を上回ってはならず、また、農地に対する固定資産税等を下回ってもならないというものがあると考えられるが、農地の宅地並課税により、その両方を同時に満たすことが困難となった。市街化区域農地に対する宅地並課税が国の離農・宅地化政策の手段として位置付けられるものであることからすると、それは現実の耕作者に負担させて初めて実効性を持つ。小作地の場合において、土地所有者に対し宅地並に課された固定資産税等を小作農に転嫁することを認めないならば、小作農は大幅に増加した課税の痛みを感ずることなく営農利益を確保し、土地所有者のみが小作料を上回る逆ざやの大きな金銭的負担を背負い、離農は促進されない。また、そのような課税の負担の下では、自己所有地で自作農として営農するよりも、他人の農地を賃借して小作農として農業を営むほうが有利となるが、これらはいずれも合理的な事態とはいえない。要するに、耕作者の地位の安定を志向した農地法の理念は、宅地並課税が実施された場面においては大きく後退を余儀なくされており、固定資産税等を小作料に転嫁し、小作料が農業収益を上回る状態を現出させるのもやむを得ないとしたものと解するのが、立法者の意思にかなうというべきである、というものである。

　また、別の3裁判官（亀山・町田・深澤）は、その反対意見で、本件のような農地の賃貸借は、長期間継続することが予定され、それだけに当事者間の信頼関係が強く要請されることをも併せ考えれば、本件においては、法の基本に存する信義、公平の原則に鑑み、被上告人（地主）は、上告人（小作人）らに対し、宅地並課税による負担の増加を理由として、小作料の増額請求をすることができるものと解すべきである、としている。

　上記反対意見にも一定の妥当性はあるが、前述のように、「小作農が得る農業収益を上回るような小作料の支払を来すこととなる小作料の増額請求は妥当ではない」という点を鑑みれば、最高裁の判示（多数意見）は妥当であると考えられる。

実務への応用可能性は限定的であるが、税務訴訟（農地法を巡る裁判ではあるが固定資産税の課税が及ぼす効果が主論点である）に関する数少ない大法廷判決であるので、あえて取り上げたものである。

3-4 物的非課税の意義

（最高裁平成6年12月20日判決・民集48巻8号1676頁）

3-4-1 事案の概要

　東村山市は、市民の利用に供するテニスコート、少年野球場及びゲートボール場を設けるため、本件各土地をその所有者らから提供を受けて確保することを企図し、そのため、当該所有者らに対し、本件各土地の提供を受けた場合にはその固定資産税は非課税とする旨の見解を示した。また、同市は、本件各土地につき3.3平方メートル当たり1か月当たり50円の割合の金員を報償費として支払う旨を提案して協力を求め、その結果、当該所有者らから当該提案内容についての了解を得て本件各土地を借り受けた。

　同市の市長であった上告人は、上記合意に従い、本件各土地につき、昭和60年度の固定資産税を賦課しない措置（本件非課税措置、地法348②一）を採り、その後、その徴収権が時効により消滅するに至った。

　なお、通常の取引において、本件各土地を建物所有以外の目的で賃借する場合の賃料額は、3.3平方メートル当たり1か月当たり500円ないし1,373円である。また、本件各土地に課される固定資産税額は、3.3平方メートル当たりに換算すると1か月当たり100円ないし200円であって、本件各土地についての当該賃料額（500円ないし1,373円）は、各固定資産税額及び各報償費の合計額（100円+50円ないし200円+50円）よりもはるかに高額なものとなる。

　そのため、住民（被上告人）は、地方税法第348条第2項但書において「固定資産を有料で借り受けた者がこれを次に掲げる固定資産として使用する場合においては、当該固定資産の所有者に課することができる」と規定されているにもかかわらず、東村山市長（上告人）が固定資産税の賦課を怠ったとして、市長に対して損害賠償請求を行ったものである。

3-4-2　裁判所の判断

<破棄自判>

　地方税法第348条第2項は、そのただし書において、固定資産を有料で借り受けた者がこれを同項各号所定の固定資産として使用する場合には、本文の規定にかかわらず、固定資産税を右固定資産の所有者に課することができるとしているところ、ここでいう「固定資産を有料で借り受けた」とは、通常の取引上固定資産の貸借の対価に相当する額に至らないとしても、その固定資産の使用に対する代償として金員が支払われているときには、これに当たるものというべきである。

　また、（東村山）市税条例第40条の6にいう「固定資産を有料で借り受けた」も、これと同趣旨であると解すべきである。

　ところで、同市が本件各土地の所有者らに対し、土地の借入れの見返りとして支払っている報償費の金額は、一律に3.3平方メートル当たり月額50円であり、これは、本件各土地を賃借した場合の賃料の10分の1以下であるけれども、面積に応じて報償費が支払われていること、その使用目的からみて本件各土地の所在場所等によってその利用価値に大きな差があるとは考えられないことからすると、報償費は土地使用の代償であって、同市が本件各土地を報償費を支払って借り受けたことは、「固定資産を有料で借り受けた」場合に当たると解すべきである。

　本件においては、同市は、本件各土地を借り受けるに際し、土地所有者らに対し、各土地の固定資産税は非課税とする旨の見解を示し、通常の賃貸借における賃料額よりかなり低額の報償費を支払うことを約束して貸借の合意に至っており、上告人は、これに従って本件非課税措置を採ったものである。しかし、本件は固定資産税を非課税とすることができる場合ではないので、本件非課税措置は違法というべきであり、同市は、これにより固定資産税額相当の損害を受けたものというべきである。しかしながら、同市は、同時に、本来なら支払わなければならない土地使用の対価の支払を免れたものであり、当該対価の額から報償費を差し引いた額相当の利益を得ていることも明らかである。

したがって、上告人が本件非課税措置を採ったことによる同市の損害と、当該措置を採らなかった場合に必要とされる本件各土地の使用の対価の支払をすることを免れたという同市が得た差引利益とは、対価関係があり、また、相当因果関係があるというべきであるから、両者は損益相殺の対象となるものというべきである。そうであれば、<u>後者の額は前者の額を下回るものではないから、同市においては、結局、上告人が本件非課税措置を採ったことによる損害はなかったということになる。</u>

3-4-3　当該裁判例の意義

　地方税法第348条第2項はいわゆる「物的非課税」の規定であるが、これは、公共の目的のために供される固定資産を確保するという政策目的のため、当該固定資産を所有者からその目的のために供された場合には、例外的に当該固定資産に対する固定資産税を非課税とするものである（福岡高裁平成26年12月1日判決・判自396号23頁）。

　しかし、同法第348条第2項但書によれば、当該固定資産を所有者から有料で借り受けた場合には、非課税規定が適用されず、所有者に固定資産税を課税することができるものと規定されている。そこで問題となるのは、「有料」とはどの程度の金銭のやり取りがあった場合をいうのか、という点である。学説では、立法趣旨からみて、少なくとも年間の賃貸料の総額が固定資産税額を下回るような場合において、賃貸料以上の固定資産税を課すことは問題であるとされている[102]。

　これについて本判決では、「ここでいう『固定資産を有料で借り受けた』とは、通常の取引上固定資産の貸借の対価に相当する額に至らないとしても、その固定資産の使用に対する代償として金員が支払われているときには、これに当たるものというべきである」として、取引上賃借の対価に相当する額に至らない場合であっても、それが固定資産の使用に対する代償である場合には、「有料」に当たると判示している。最高裁がこのような解釈を採った根拠としては、固定資産

---

[102]　占部前掲83書774頁参照。

税が「財産税」であり、固定資産に係る収益の有無や多寡はその課税に直接関係しないと考えられることも影響しているものと思われる[103]。

---

[103] 柴由花「固定資産税（２）－物的非課税」中里実他編『租税判例百選（第6版）』（有斐閣・2016年）183頁参照。

3-5 登記名義人に対する固定資産税の課税

（最高裁昭和47年1月25日判決・民集26巻1号1頁）

3-5-1　事案の概要

　被相続人A所有の土地の上に法人B所有の建物が建っていたが、当該所有者の与り知らぬところで所有権移転登記がなされ、両方ともC名義となったことから、所有者A・BはCに対し所有権移転登記の抹消を求める訴えを提起したところ、裁判でその訴えが認められた。

　しかし、登記の抹消がなされないまま時が経過し、その間、Aが死亡しその権利義務を相続人が承継するとともに、Cは登記名義人として当該土地・建物に対する固定資産税及び都市計画税を納付していた。そこで、Cは当該納税額に関し、それらは真の所有者であるAの相続人及びBが支払うべきであるとして、訴えを提起した。

　一審（東京地裁昭和46年2月18日判決・民集26巻1号7頁）は、A及びBが所有者であったにもかかわらず、Cが登記名義人として課税されたため納税義務を免れていたことから、A及びBが課税額相当額の利得を不当に得、Cが同額の損害を被っていたというべきであると判示してCの請求を認め、二審（東京高裁昭和46年5月21日判決・民集26巻1号15頁）も原審を引用してA及びBの控訴を棄却した。

● 事実関係

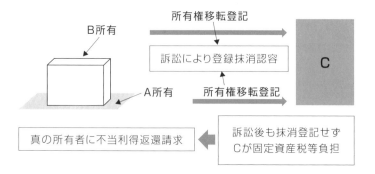

3-5-2 裁判所の判断

＜上告棄却＞

　固定資産税は、土地、家屋及び償却資産の資産価値に着目して課せられる物税であり、その負担者は、当該固定資産の所有者であることを原則とする。ただし、地方税法は、課税上の技術的考慮から土地については土地登記簿または土地補充課税台帳に、家屋については建物登記簿または家屋補充課税台帳に、一定の時点に、所有者として登記または登録されている者を所有者として、その者に課税する方式を採用しているのである。したがって、真実は土地、家屋の所有者でない者が、当該登記簿または台帳に所有者として登記または登録されているために、同税の納税義務者として課税され、これを納付した場合においては、当該土地、家屋の真の所有者は、これにより同税の課税を免れたことになり、所有者として登記または登録されている者に対する関係においては、不当に、その納付税額に相当する利得を得たものというべきである。そして、この理屈は、同種の性格を有する都市計画税についても同様である。それゆえ、これと同旨の見解のもとに、原判示（その引用する第一審判決を含む）の限度において、不当利得を原因とする被上告人の本訴請求を認容した原審の判断は相当であって、原判決に所論の違法はない。被上告人（C）が、確定判決に基づく抹消登記義務を履行せず、実質上の所有権を行使していた等の事情が、当該請求権の存否に影

響を及ぼさないことも、また、原判決の判示するとおりである。

3-5-3 当該裁判例の意義

　固定資産税に関しては、その納税義務者を土地登記簿や建物登記簿等（固定資産課税台帳）に所有者として登録されている者をいうとする、いわゆる台帳課税主義を採用している。これに関しては、当該台帳に所有者として登録された者が、その納付した税額について、真の所有者に対して不当利得返還請求ができるのかが問題となってきたが、本判決によりそれが可能という法理が確立したものと解されている（真の所有者負担説）[104]。すなわち、固定資産税は所有者の人的側面ではなく課税対象である固定資産に重きを置く「物税」としての性格を有するが、私法上の衡平の観念から不当利得の成否を検討し、台帳課税主義の（課税技術上の）建前を考慮しつつ、それを私法上の不当利得の成否に関する判断に推し及ぼすことを制限した判断であると解される[105]。

　なお、賦課期日における登記または登録の有無に着目する台帳課税主義の観点からは、後述第4章の最高裁判決（ 4-2 参照）の判示は本判決の射程外であると解される。

---

[104] 谷口勢津夫「固定資産税（1）－真実の所有者に対する不当利得返還請求権」中里実他編『租税判例百選（第6版）』（有斐閣・2016年）181－182頁参照。
[105] 谷口前掲注104論文182頁。

3-6 土地に係る適正な時価は客観的交換価値を指し、収益還元価格とは限らないとされた事例

（最高裁平成18年7月7日判決・判時1949号23頁）

3-6-1 事案の概要

被上告人らの被相続人Aは、本件土地1及び本件土地2の所有者であって、本件各土地の固定資産税の納税者であった。

東京都知事は、本件各土地の平成9年度の価格を、本件土地1につき7億7,706万5,460円、本件土地2につき1億994万3,300円と決定し、これが土地課税台帳に登録された。

Aは、上記価格を不服として、上告人に対し、地方税法第432条第1項に基づき、審査の申出をした。上告人は、平成10年3月24日付けでこれを棄却する旨の決定をした。

本件は、被上告人らが、本件決定において認定された本件各土地の価格が平成9年1月1日における適正な時価を超えている旨を主張する他、上記価格が評価基準によって決定される価格を超えている旨等をも主張して、本件決定の取消を求めた事案である。

原審（東京高裁平成14年10月29日判決・判時1801号60頁）は、次のとおり判断し、本件決定中、本件土地1につき価格3億8,929万9,728円を超える部分を、本件土地2につき価格5,489万2,532円を超える部分をそれぞれ取り消すべきものとした。

① 固定資産税は、財産や収益に着目して課される物税であって、固定資産自体がこれを負担し、当該固定資産によって標準的に得られる収益に課されるものである。したがって、その課税標準である固定資産の適正な時価は、値上がり益や将来の収益の現在価値を含まない、その年度において当該固定資産から得ることのできる収益を基準に資本還元した価格、すなわち、収益還元価格によって算定されなければならない。

② 本件各土地の平成9年1月1日における収益還元価格は、本件土地1につき3億8,929万9,728円、本件土地2につき5,489万2,532円と認めるのが相当であるから、本件各土地の登録価格の決定には上記各金額を超える部分において違法があり、この登録価格についてされた審査の申出を棄却した本件決定にも同じ違法がある。

3-6-2　裁判所の判断

<破棄差戻し>

　土地に対する固定資産税は、土地の資産価値に着目し、その所有という事実に担税力を認めて課する一種の財産税であって、個々の土地の収益性の有無にかかわらず、その所有者に対して課するものであるから、その課税標準とされている土地の価格である適正な時価とは、正常な条件の下に成立する当該土地の取引価格、すなわち、客観的な交換価値をいうと解される（最高裁平成15年6月26日判決・民集57巻6号723頁、前掲 3-2 参照）。

　上記の適正な時価を、その年度において土地から得ることのできる収益を基準に資本還元して導き出される当該土地の価格をいうものと解すべき根拠はない。また、一般に、土地の取引価格は、上記の価格以下にとどまるものでなければ正常な条件の下に成立したものとはいえないと認めることもできない。

　以上と異なる見解に立って、本件各土地の平成9年1月1日における客観的な交換価値を確定することなく、本件決定中本件各土地の前記収益還元価格を超える部分を取り消すべきものとした原審の判断には、判決に影響を及ぼすことが明らかな法令の違反がある。論旨は理由があり、原判決のうち上告人の敗訴部分は破棄を免れない。そして、本件決定に係る本件各土地の価格が同日におけるその客観的な交換価値及び評価基準によって決定される価格を上回るものでないかどうかについて審理を尽くさせるため、上記部分につき本件を原審に差し戻すべきである。

● 土地の評価額

	土地1	土地2
東京都知事決定額	7億7,706万5,460円	1億994万3,300円
東京高裁認定額 (収益還元価格)	3億8,929万9,728円	5,489万2,532円
最高裁認定額	収益還元価格を否認	収益還元価格を否認

3-6-3 当該裁判例の意義

　本判決における重要な判示は、土地の価格である適正な時価とは、客観的な交換価値をいうが、それを「その年度において土地から得ることのできる収益を基準に資本還元して導き出される当該土地の価格（筆者注：収益還元価格）をいうものと解すべき根拠はない」としているところである。筆者が知りたいのは、では何故裁判所がそう考えるのか、という点であるが、残念ながら最高裁はその根拠を示していない。

　この点に関し、原審の東京高裁は、固定資産税は固定資産自体がこれを負担し、当該固定資産によって標準的に得られる収益に課されるものである。したがって、その課税標準である固定資産の適正な時価は、値上がり益や将来の収益の現在価値を含まない、その年度において当該固定資産から得ることのできる収益を基準に資本還元した価格、すなわち、収益還元価格によって算定されなければならないと判示し、固定資産税評価額は収益還元価格を上限とするとしている。

　土地の適正な時価につき、どのような場合に収益還元価格を採用することができるのか、今後も裁判で問われることとなるであろう。

3-7 建替え中の住宅に係る土地に対する固定資産税軽減措置の適用の有無

（最高裁平成23年3月25日判決・判時2112号30頁、判タ1345号105頁・TAINS Z999-8278）

3-7-1 事案の概要

　上告人は、東京都渋谷区内に所在する面積が200㎡以下である本件土地及びこれを敷地とする建物（旧家屋）を所有していたところ、A株式会社との間で、旧家屋を取り壊し本件土地の上に家屋（新家屋）を新築する旨の工事請負契約を締結し、A社は、平成16年7月26日、旧家屋を取り壊した。新家屋の建築工事は、同日から平成17年5月31日までを工事予定期間として着工されたが、同年2月ころ、地下1階部分のコンクリート工事がほぼ終了した時点で、多数の瑕疵が存在することが判明した。A社は、上告人に対し、上記家屋の地下1階部分を解体して建築工事を継続する旨約したが、その後、近隣住民の反対等により工事が進捗しないまま、平成18年2月ころ、上告人に対し、本件土地を建築途中の新家屋とともに買い取りたいとの申入をした。そこで、上告人とA社は、同年4月14日、上記申入に係る買取りについての和解契約を締結し、本件土地はA社に譲渡された。

　旧家屋は、地方税法第349条の3の2第1項所定の居住用家屋のうち「専ら人の居住の用に供する家屋」に該当するものであったが、平成17年度及び同18年度の固定資産税等の各賦課期日（平成17年及び同18年の各1月1日）において、旧家屋は既に取り壊されて存在せず、新家屋は未だ完成していなかった。

　被上告人（東京都）においては、地方税法第349条の3の2第1項所定の住宅用地の認定に関し、「住宅建替え中の土地に係る住宅用地の認定について」と題する通達（平成14年12月6日14主資評第123号各都税事務所長宛て主税局資産税部長通達、平成21年2月24日20主資評第343号による廃止前のもの）を発し、既存の住宅に替えて住宅を新築する土地のうち、①当該土地が当該年度の前年度に係る賦課期日において住宅用地であったこと、②住宅の新築が建替え前の住宅の敷地と同

一の敷地において行われるものであること、③当該年度の前年度に係る賦課期日における建替え前の住宅の所有者と建替え後の住宅の所有者が同一であること、④当該年度に係る賦課期日において、住宅の新築工事に着手しているか、または、確認申請書を提出していて確認済証の交付後直ちに(既に確認済証の交付を受けている場合は直ちに)住宅の新築工事に着手するものであること、という適用基準のすべてに該当する土地については、住宅が完成するまでに通常必要と認められる工事期間中は、従前の住宅用地の認定を継続することとしていた。

　ところで、東京都渋谷都税事務所の職員は、平成16年12月22日、本件土地の現地調査をし、旧家屋が取り壊されたこと、本件土地上に新家屋が建築されようとしていること、本件土地に設置されていた建築計画の看板に、上告人を建築主とする居住用家屋の建築工事中である旨及び工事予定期間が表示されていること等を確認した。同都税事務所長は、本件土地が上記①～④の適用基準を満たすものとして、本件特例のうち面積が200㎡以下である住宅用地に対する特例を適用したうえ、上告人に対し、平成17年6月1日付けで平成17年度の、同18年6月1日付けで同18年度のそれぞれ本件土地に係る固定資産税等の賦課決定をした。

　東京都渋谷都税事務所長は、平成18年5月8日、東京法務局渋谷出張所から、本件土地の所有権が売買を原因として上告人からA社に移転した旨の登記済通知書を受領した。同都税事務所の職員は、同年7月27日、同年10月21日及び平成19年1月15日、本件土地の現地調査をし、いずれの日においても、新家屋が完成しておらず、その建築工事が中断されている状態であることを確認した。同都税事務所長は、新家屋が通常必要と認められる工事期間内に建築されず、また、本件土地の所有権がA社に移転して建築主が変更されたことにより前記③の基準を満たさないことが明らかになったとして、同年2月9日付けで、上告人に対し、本件各当初処分における各年度の固定資産税等の税額と本件土地につき本件特例の適用がないものとして計算した当該各年度の固定資産税等の税額との差額分について、それぞれ賦課決定をした。

　本件は、上告人が、本件土地に関し面積が200㎡以下である住宅用地に対する特例が適用されなかったため、これを不服として被上告人に対し、上記賦課決定の取消を求めている事案である。

● 事案の時系列

3-7-2 裁判所の判断

＜一部破棄自判、その余の上告棄却＞

　本件特例は、居住用家屋の「敷地の用に供されている土地」(地法349の3の2①) に対して適用されるものであるところ、ある土地が上記「敷地の用に供されている土地」に当たるかどうかは、当該年度の固定資産税の賦課期日における当該土地の現況によって決すべきものである。

　前記事実関係等によれば、平成17年度の固定資産税の賦課期日である平成17年1月1日における本件土地の現況は、居住用家屋であった旧家屋の取壊し後に、その所有者であった上告人を建築主とし、同16年7月26日から同17年5月31日までを工事予定期間と定めて、居住用家屋となる予定の新家屋の建築工事が現に進行中であることが客観的に見て取れる状況にあったということができる。このような現況の下では、本件土地は上記「敷地の用に供されている土地」に当たるということができ、その後になって、新家屋の建築工事が中断し、建築途中の新家屋とともに本件土地がA社に譲渡されるという事態が生じたとしても、遡って賦課期日において本件土地が上記「敷地の用に供されている土地」でなかったことになるものではない。そうすると、本件土地に係る平成17年度の固定資産税等については、本件特例のうち面積が200㎡以下である住宅用地に対する特例の適用があるから、その適用がないものとされた平成17年度処分は、地方税法第349条の3の2第2項第1号、第702条の3第2項の各規定に反し、

違法というべきである。

これに対し、前記事実関係等によれば、平成18年度の固定資産税の賦課期日である平成18年1月1日における本件土地の現況は、<u>上記の期間を工事予定期間として着工された新家屋の建築工事が、地下1階部分のコンクリート工事をほぼ終了した段階で1年近く中断し、相当の期間内に工事が再開されて新家屋の完成することが客観的にみてとれるような事情も窺われない状況にあった</u>ということができる。このような現況の下では、本件土地は上記「敷地の用に供されている土地」に当たるということができず、本件土地に係る平成18年度の固定資産税等については、本件特例の適用がないから、その適用がないものとしてされた平成18年度処分は、適法というべきである。

3-7-3　当該裁判例の意義

　固定資産税に関し、一定の住宅用地に対しては、住宅用地の特例の適用により課税標準が3分の1（200㎡以下の小規模住宅用地については6分の1）に減額されるが、本件は、その賦課期日に住宅が存在しない場合、当該特例の適用が受けられるかが争われた事案である。

　従来、住宅の建築予定地及び住宅が建築中の土地については、当該特例の適用対象となる居住用家屋の「敷地の用に供されている土地」に該当しないと解されていた。しかし、平成6年に(旧)自治庁次長通達が改正され、「その上に既存の当該家屋に代えてこれらの家屋が建築中であるもの」も「敷地の用に供されている土地」に該当することとされた(平成6年自治市第36号)。これを受けて出されたのが、「住宅建替え中の土地に係る住宅用地の認定について」(平成14年12月6日14主資評第123号各都税事務所長宛て主税局資産税部長通達)である。

　当該通達は、住宅建替え中の土地が住宅用地として認定されるためには、以下の四つの要件（ 3-7-1 参照）に該当する必要があることを示している。
① 当該土地が当該年度の前年度に係る賦課期日において住宅用地であったこと
② 住宅の新築が建替え前の住宅の敷地と同一の敷地において行われるものであること

③ 当該年度の前年度に係る賦課期日における建替え前の住宅の所有者と建替え後の住宅の所有者が同一であること
④ 当該年度に係る賦課期日において、住宅の新築工事に着手しているか、または、確認申請書を提出していて確認済証の交付後直ちに（既に確認済証の交付を受けている場合は直ちに）住宅の新築工事に着手するものであること

　最高裁は本件につき、平成17年分については、賦課期日である平成17年1月1日における本件土地の現況から見て、本件土地については「敷地の用に供されている土地」に該当するとして、特例の適用を認めた。その後建築工事が中断し、土地がA社に譲渡され上記通達③の要件を満たさなくなるとしても、賦課期日に遡って「敷地の用に供されている土地」に該当しなくなるわけではないと判示している。賦課期日は工事が中断する要因となる瑕疵判明前であることを考慮すると、妥当な判断であると思われる。

　一方、平成18年分については、賦課期日である平成18年1月1日における本件土地の現況からみて、「地下1階部分のコンクリート工事をほぼ終了した段階で1年近く中断し、相当の期間内に工事が再開されて新家屋の完成することが客観的に見て取れるような事情もうかがわれない状況にあった」ことから、本件土地については「敷地の用に供されている土地」に該当するとはいえないとし、特例の適用を認めなかった。賦課期日における客観的な事実に基づけば、建築物件に多数の瑕疵が発見され、工事再開の目途が立たない建物の敷地ということになり、このような土地については、最早特例の適用が受けられる「住宅建替え中の土地」とはいえないという判示である。

　住宅の建替えで年度を跨るケースは珍しくないと思われるが、その際に固定資産税に係る住宅用地の特例の適用があるのか判断する場合、参考になる裁判例であると思われる。なお、本件で問題となった小規模住宅用地の特例（本来の課税標準の6分の1とするもの）は、かねてから不公平税制として問題視されているが、平成27年度の税制改正で導入された空家に対する課税を除き、現在まで優遇措置が温存されている[106]。

---

[106] 水野惠子「住宅建替え中の土地に係る固定資産税等の特例の適用」『最新租税基本判例70』（2014年・日本税務研究センター）242頁参照。

3-8 介護付き有料老人ホーム等に附属する駐車場用地について固定資産税及び都市計画税の課税標準の特例の適用を受ける住宅用地に該当するとされた事例

（東京地裁平成28年11月30日判決・判例集未搭載、TAINS Z999-8376、被告控訴）

3-8-1 事案の概要

　本件は、原告が所有する土地に建物を建設し、当該建物を介護付き有料老人ホーム及び小規模多機能型居宅介護施設を経営する法人に賃貸したところ、都税事務所が固定資産税及び都市計画税に関し、その土地のうち駐車場として利用されている部分については「住宅用地」に該当しないとして賦課決定を行ったため、原告が当該処分の取消を求めて提訴した事案である。

＜前提事実＞

① 原告は、練馬区内に所有する土地（以下「本件土地」）に建物（以下「本件建物」）を新築し、賃貸借期間を平成26年1月1日から平成55年12月31日までの30年間とする契約で、本件建物を介護付き有料老人ホームB及び小規模多機能型居宅介護施設Cを経営する法人A社に賃貸した。

② 本件土地の上には、駐車場が設置されている。なお、介護付き有料老人ホームB及び小規模多機能型居宅介護施設Cの入居者の中には、自ら自動車を運転し、当該駐車場に駐車する者はいない。

③ 東京都知事の委任を受けた東京都練馬都税事務所長は、平成26年6月2日付けで、本件家屋が併用住宅に該当することを前提としたうえ、本件土地のうち駐車場については住宅用地に該当せず、その残りの部分に限り住宅用地（その中でも小規模住宅用地）に該当するものとして、原告に対し、平成26年度分の固定資産税及び都市計画税の各賦課決定（本件各処分）をした。本件各処分に係る課税明細書における土地ごとの固定資産税及び都市計画税の金額は以下のとおりである。

● 賦課決定の内容

土地区分	固定資産税	都市計画税
土地1	38万664円（6万6,493円）	8万2,593円（1万4,138円）
土地2	18万1,208円（3万9,114円）	3万9,277円（8,316円）
土地3	53万6,603円（4万7,805円）	11万6,669円（1万164円）

(注) カッコ内は原告が主張した特例適用による減額金額である。

④ 原告は、平成26年7月31日、東京都知事に対し、本件各処分に係る審査請求をし、これに対し、東京都知事は平成27年1月26日、上記の審査請求を棄却する旨の裁決をした。それを受け、原告は平成27年7月13日に本件訴えを提起した。

＜争点＞

本件各処分、すなわち駐車場の住宅用地の該当性。

3-8-2　裁判所の判断

＜請求認容＞

① 地方税法における住宅用地該当性について

　地方税法349条の3の2第1項によれば、住宅用地に該当するには、専用住宅または併用住宅の「敷地の用に供されている土地」であることを要するところ、「敷地の用に供されている土地」であるかどうかについては、その規定の文言の文理並びに本件特例が主として住宅政策上の見地から住宅用地の固定資産税及び都市計画税負担の軽減を図るため課税標準の特例措置を設けたものであることに照らせば、土地と専用住宅または併用住宅の形状や利用状況等を踏まえ、社会通念に従い、その土地が専用住宅または併用住宅を維持またはその効用を果たすために使用されている一画地の土地であるかどうかによって判断すべきものと解するのが相当である。

② 判断

　本件駐車場1から本件駐車場5までについては、本件入居者がA社との入居

契約書に基づき、共用施設として、来訪者用駐車場として利用し得るものとなっているうえ、A社の介護付き有料老人ホームBの運営に係る外部の業者等が駐車場として利用することもあるものの、その利用は、本件家屋の賃借人であるA社が本件家屋で行う事業のためのものであると同時に本件入居者の生活等のためのものでもあるので、いずれにせよ、その利用状況に照らし、居住部分と非居住部分とからなる併用住宅としての本件家屋と一体のものとして利用されているものというべきである。

また、本件駐車場8及び本件駐車場9についても、A社の介護付き有料老人ホームBに関し、入居希望者の面談や行事に係る買い物の他、本件入居者に頼まれた買い物のために使用される自動車2台の駐車場として利用されているところ、結局のところ、これらの利用も、本件家屋の賃借人であるA社が本件家屋で行う事業のためのものであると同時に本件入居者の生活等のためのものでもあるので、その利用状況に照らし、併用住宅としての本件家屋と一体のものとして利用されていることが否定されるものではないというべきである。

さらに、本件駐車場6及び本件駐車場7については、小規模多機能型居宅介護施設Cの送迎車の駐車場として利用されており、それ自体としては、本件入居者の生活等のためのものではないものの、本件家屋の賃借人であるA社が本件家屋で行う事業のためのものであるという点では他の駐車場と異なるものではなく、その利用状況に照らし、併用住宅としての本件家屋と一体のものとして利用されている土地であることを否定されないというべきである。

したがって、<u>本件各駐車場は、いずれも本件各土地等の一部として、併用住宅である本件家屋を維持しまたはその効用を果たすために使用されている一画地の土地に含まれるものということができ、本件家屋の「敷地の用に供されている土地」に該当する</u>というべきである。

3-8-3 当該裁判例の意義

① **固定資産税・都市計画税における住宅用地の課税標準の特例措置**

土地に対して課される固定資産税の課税標準は、原則として、固定資産課税

台帳に登録された当該土地の価格であるが（地法349①）、住宅用地については、その3分の1の額とされており、また、住宅用地のうち小規模住宅用地については、その6分の1とされているというように、課税優遇措置がある（地法349の3の2①②）。同様に、都市計画税の課税標準についても、住宅用地については、その3分の2の額とされており、また、住宅用地のうち小規模住宅用地については、その3分の1とされている（地法702の3）。

ここでいう「住宅用地」とは、賦課期日現在において、次のいずれかに該当するものを指す（地法349の3の2①、地令52の11①②）。

ア．専用住宅（専ら人の居住の用に供する家屋）の敷地の用に供されている土地で、その上に存在する家屋の総床面積の10倍までの土地

イ．併用住宅（その一部を人の居住の用に供されている家屋で、その家屋の床面積に対する居住部分の割合が4分の1以上あるもの）の敷地の用に供されている土地のうち、その面積に下表の率（住宅用地の割合）を乗じて得た面積（住宅用地の面積がその上に存在する家屋の床面積の10倍を超えているときは、床面積の10倍の面積に下表の率を乗じた面積）に相当する土地

なお、上記イ．の併用住宅における「住宅用地の割合」は、以下のとおり算出される（地令52の11②二）。

● 住宅用地の割合

家屋の種類	居住部分の割合	住宅用地の割合
下記以外の家屋	4分の1以上2分の1未満	0.5
	2分の1以上	1.0
地上階数5以上の耐火建築物である併用住宅等	4分の1以上2分の1未満	0.5
	2分の1以上4分の3未満	0.75
	4分の3以上	1.0

また、「小規模住宅用地」とは、住宅用地のうちその面積が200㎡以下等の要件を満たすものをいう（地法349の3の2②）。

② **介護付き有料老人ホーム及び小規模多機能型居宅介護施設の機能**

　介護付き有料老人ホームは、概ね65歳以上で要介護度1以上の高齢者に対し、食事を始めとした健康管理を行い、掃除・洗濯・入浴・排泄といった日常生活における介護サービスが提供される居住施設である（老人福祉法29）。要介護度が上がり自宅での生活が困難となった高齢者の場合、一般に、介護保険制度上の介護施設であり入居一時金がなく、利用料も比較的安価な特別養護老人ホーム（特養）への入居を希望するが、待機者が非常に多く希望してもすぐには入所できないのが通例であるため、次善の策として、介護付き有料老人ホームに入所する高齢者が多くみられるという実態がある。

　また、2006年にスタートした比較的新しい形態である小規模多機能型居宅介護施設は、「施設から在宅へ」の国の方針の下、最期まで自宅で暮らしたい利用者が可能な限り自立した日常生活を送ることができるよう、利用者の選択に応じて、施設への通所を中心として、短期間の宿泊や利用者の自宅への訪問を組み合わせ、家庭的な環境と地域住民との交流の下で日常生活上の支援や機能訓練を行う施設である。

　両者を比較すると、介護付き有料老人ホームの場合、利用者の生活の本拠は自宅からホームに移転している（そのため、入居を機に自宅を売却するケースも多い）のに対し、小規模多機能型居宅介護施設の場合、利用者の生活の本拠は引き続きそれまで暮らしてきた自宅である（そのため、自宅は残る）という点が異なる。

③ **小規模多機能型居宅介護施設の住宅用地該当性**

　本件における駐車場の住宅用地該当性を検討するに当たり、前提として、介護付き有料老人ホーム及び小規模多機能型居宅介護施設の建物（家屋）はいずれも併用住宅に該当するということになっているものと考えられるが、果たしてそれは妥当な解釈なのだろうか。すなわち、本件建物は介護付き有料老人ホームB及び小規模多機能型居宅介護施設Cの用に供されているが、その建物が併用住宅に該当するかどうかを判定する際には、BとCとを別々に判断するのか、それとも一括で判断するのかという点について、まず検討してみたい。

　原告が主張し、裁判所も認めた併用住宅に係る住宅用地の割合が1.0であることから、居住部分の割合は2分の1以上であると考えられる。上記②で確認し

たとおり、介護付き有料老人ホームについては、利用者（すなわち入居者）が生活の本拠を施設に移すことから、事務所のような箇所を除いた残りのスペースについては、居住部分として問題ないものと思われる。

一方、小規模多機能型居宅介護施設については、宿泊スペースはともかくとして、その他のサービスを提供するスペースは、利用者が自宅から通いで利用する場所であることから、居住部分とするのではなく、居住部分から除くべきであろう。

そうなると、仮に併用住宅の判定の際に、BとCとを別々に判断するのであれば、Bは併用住宅となるのであろうが、Cはそうならない可能性があるものと考えられる。これは例えば、同一の敷地内に二棟の建物があり、一棟が介護付き有料老人ホーム、もう一棟が小規模多機能型居宅介護施設である場合に該当するケースといえよう。

それでは、一棟の建物のなかに介護付き有料老人ホームと小規模多機能型居宅介護施設とが同居するケースはどうであろうか。同一の建物（家屋）につき、居住用と事務所用とが併存する区分所有建物の固定資産税評価額の算定に関し、市役所がそれぞれ別個の経年減点補正率を適用した場合の違法性が争われた裁判において、札幌地裁は同一の経年減点補正率を適用すべきと判示した（札幌地裁平成28年1月28日判決・判自416号30頁[107]）。一棟の建物に関し、その用途ごとに区分して取扱いを変えるべきか、一括で判断すべきなのかということが争われている点では、本件と札幌地裁の当該事案との間には共通点がある。札幌地裁の事案の解釈の妥当性はその控訴審でも争われていると思われるため[108]、それが本件控訴審における併用住宅の解釈にも影響を及ぼす可能性は否定できない。

本件の場合、両者を別個に判断するのか一括で判断するのかについては争われていないため、事実関係は必ずしも明確ではないが、判決文の別紙に付された図面をみる限り、介護付き有料老人ホームと小規模多機能型居宅介護施設の

---

[107] 当該判決の内容については、第6章（ 6-2 ）参照のこと。
[108] 控訴審は2016年9月20日に判決が出され、固定資産の評価方法について市町村に一定の裁量が認められているとして、札幌市側が逆転勝訴したと報じられている（2016年10月24日『税務通信』2頁）。

建物は3階建ての一棟の建物で一体の施設となっているようである。本件建物が基本的に介護付き有料老人ホーム用に一棟のみ建設され、そのスペースの一部を小規模多機能型居宅介護施設として利用しているのであれば、裁判所がいうように文理解釈を重視し、両者を一体の施設と考え、一棟における居住部分の割合を算定するのが妥当と考えられる。これは、前述の札幌地裁の事案における裁判所の判示と軌を一にするものと考えられる。

④ **駐車場の住宅用地該当性**

次に、仮に本件一棟の建物に係る床面積全体に占める居住部分の割合が2分の1以上であるとした場合、その敷地の全体が住宅用地となるのか、それとも駐車場部分は別途判断するのかが問題となる。これについては、駐車場部分が敷地の上に立つ建物（家屋、併用住宅）とどのような「つながり」ないし「関係」があり、他の敷地部分と一体の一画地の土地といえるのかが判断基準となるものと考えられる。

この点に関し被告は、その駐車場が住宅の居住者自らが利用する施設であるか否かが判断基準であると限定的に解しており、それは日常生活に最小限必要と認められるもののみ税負担を軽減するのが本件特例の趣旨であるため、としている。しかし、＜前提事実＞②にあるとおり、介護付き有料老人ホームBの入居者のうち、自動車を自ら運転し、敷地内の駐車場に駐車する者はいない。これは介護度の高い入居者が大半を占める介護付き有料老人ホームにおいてはごく自然の状況であろう。となると、入居者の家族等が訪問する際に利用するケースはもちろんのこと、自ら自由に外出することが困難な入居者の生活を支えるために来訪する医師や様々な業者が利用するケースについても、その駐車場は「居住者のための施設」と判断すべきと考えられる。したがって、被告の主張は、介護付き有料老人ホームの利用実態と大きく乖離しており、妥当とはいえないと思われる。

この点について裁判所は、社会通念に従い、A社の事業のためのみならず入居者の生活等のためにも利用されている駐車場は、家屋の「敷地の用に供されている土地」に該当することから住宅用地に該当するとしており、妥当な解釈であると考えられる[109]。

上記解釈は、介護付き有料老人ホームBの入居者のための駐車場についてはいえるが、果たして小規模多機能型居宅介護施設の送迎車の駐車場（2区画分）についてもいえるのであろうか。この点について裁判所は、当該駐車場はその利用状況に照らし、併用住宅としての家屋と一体のものとして利用されている土地であることを否定できないとして、住宅用地に該当するものとしている。仮に、家屋について、小規模多機能型居宅介護施設の部分を切り出してその敷地部分は住宅用地に該当しないとする場合には、当該2区画分の駐車場も住宅用地に該当しないと解すべきと考えられるが、そのように解していないのであれば、小規模多機能型居宅介護施設の送迎車用の駐車場のみ切り離して判断するのは妥当とはいえないであろう。

109　なお、老人ホームの駐車場に関し、原告側は特例の適用実態について自治体等へのヒアリング調査を行う等事例を収集し、証拠提出したという。通常、賦課課税処分に係る立証責任は課税庁側にあるが、本件は原告側のこのような姿勢が原告有利の判決につながったとも評価できるだろう。舘彰男「地方税法349条の3の2及び702条の3に規定する『住宅用地』の認定に係る納税者勝訴判決」『租税訴訟』第10号348－350頁参照。

画地計算法の適用が争われた事例

（高松地裁平成22年10月25日判決・TAINS Z999-8290、高松高裁平成23年12月20日判決・TAINS Z999-8291、最高裁平成25年7月5日決定・TAINS Z999-8320）

3-9-1 事案の概要

　この事件は、本件土地の納税義務者である原告らが、本件土地をB社に貸し付けていたところ、高松市長が、本件土地とA社が所有する土地は一体利用されているとして、一画地評価し、これを前提に本件土地の価格を平成21年度の固定資産課税台帳に登録したので、当該登録価格を不服として固定資産評価審査委員会に審査の申出をしたが棄却決定を受けたため、被告に対し棄却決定の取消を求めるとともに、本件土地につき納税した平成12年度から平成20年度までの固定資産税の一部は過払いであるとして、不当利得返還請求権に基づき過払相当額等の支払を求めた事案である。

　土地の保有及び利用状況は、概ね以下の図のとおりである。

● **土地の保有・利用状況**（路線価は平成21年度）

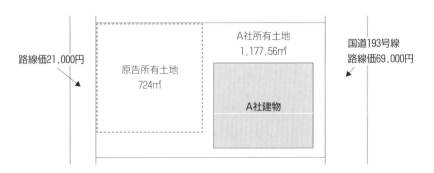

　争点は、原告所有土地とA社土地とを一画地として評価することが可能であるかという点である。

3-9-2 地裁判決

① **画地計算法**について

　一審の高松地裁は、固定資産評価基準の画地計算法について、以下のように判示した。

　評価基準の画地計算法によれば、画地の認定は、土地課税台帳等に登録された一筆の宅地を一画地とするのが原則とされる。これは、宅地の評価は、その利用価値に着目して評価するのであるから、理論上は登記簿上の筆にこだわらず実際の利用状況に従って画地を認定して評価するのが相当であるが、現実には、家屋の連たんする市街地においては、ビルの敷地等特定のものを除き事務的、技術的に困難であること等を総合勘案して、一筆一画地での評価を原則としたものである。

　しかし、画地計算法の適用に当たり、一筆一画地の原則を厳格に貫くと、各筆の宅地の形状、利用状況等に照らし、当該評価方法が法第341条第5号の「適正な時価」、すなわち、客観的な交換価値を上回る等して合理性を欠く場合も生ずる。そこで、評価基準別表第3の2における「ただし書」は、各筆の宅地の評価額に大きな不均衡が生ずる場合に、評価上の均衡を保つために一筆一画地の原則の例外を認めたものと解され、係る趣旨からすれば、本件ただし書の、隣接する二筆以上の宅地を「合わせる必要がある場合」とは、隣接する二筆以上の宅地が一体として利用されている等、その形状、利用状況からみて一筆の範囲を超えて一体をなしていると認められるだけでなく、各筆の宅地につき一筆一画地の原則を適用したのでは当該宅地の「適正な時価」、すなわち、客観的な交換価値から乖離する場合をいうものと解するのが相当である。その例としては、隣接する二筆以上の宅地にまたがり一個または数個の建物が存在し一体として利用されている場合や、隣接する二筆以上の宅地について、それらの筆ごとに一個または数個の建物があり、建物が一体として利用されている場合等が考えられる。

② **原告所有土地の地目**について

　次に、原告所有土地の地目を以下のとおり「宅地」ではなく「雑種地」と判示

している。

　本件土地は、原告らとA社との賃貸借契約によって、A社建物部分を除くA社土地とともに、隣接するA社土地上にあるA社建物への来店客のために駐車場として利用されているに過ぎず、係る使用態様からすると、直ちに本件土地がA社土地に便益を与え、またはその効用に必要な土地であるとは認めがたく、また、客観的に分譲宅地等のように各建物の敷地の用に供されるものであることが明らかであるとも認めがたい。

　したがって、本件土地は雑種地に該当するものというべきであって、宅地に該当するものとは認められない。

③ 本件土地とA社が所有する土地とを合わせて評価することの妥当性

　さらに、原告所有土地とA社が所有する土地とを合わせて評価することの妥当性について、以下のとおり妥当ではないと判示している。

　本件土地はA社土地とはその所有者を異にし、原告らがA社に賃貸してA社において駐車場として利用しているに過ぎないうえ、本件土地は、単にアスファルトで舗装されただけで、本件土地とA社土地にまたがる建物も存在しないことからすれば、本件土地と、所有者を異にするA社土地を合わせてこれらを一体として取引の対象にすることが社会通念に照らして当然であると認めることはできないから、画地計算法の適用において、その所有者を異にする本件土地とA社土地を区分したのでは、これら各土地の適正な時価、すなわち客観的な交換価値から乖離する場合に該当するということはできない。

　したがって、本件ただし書にいう「合わせる必要がある場合」に該当するとも認められない。

④ 結論

　以上によれば、本件土地の「適正な時価」は、路線価1平方メートルあたり6万9,000円の東側国道ではなく、同2万1,000円の西側道路の路線価を基準とすべきこととなるから、高松市固定資産評価審査委員会の認定した価格が、基準年度における賦課期日である平成21年1月1日時点の本件土地の「適正な時価」を上回ることは明らかであり、本件棄却決定は違法なものとなるとされ、全部取消となった。

3-9-3 高裁判決

　被告が控訴した第二審では、以下のとおり原告土地とA社土地とは別々に評価すべきであると原審が維持され、納税者が引き続き勝訴した。

　本件土地の利用形態は、所有者である被控訴人らがA社との間で駐車場賃貸借契約を締結し、自ら駐車場用地として整備したうえ、これをA社に設けられた駐車場を拡張するものとして使用させているにとどまるものと解され、その利用状況等を比較的容易に変更し得るものともいえること、本件土地自体の形状は西側道路に接道した724平方メートルの整形地であり、A社土地との関係でみても、東側国道に接するA社土地の北西側に位置し、西側道路に接道するA社土地に隣接するに過ぎないこと、本件土地自体の更地としての最有効使用は共同住宅地である旨判定されていること等にも鑑みれば、前記のような利用状況やA社建物の一つが幹線道路沿いの商業施設として利用されており、その効用のため一定数の駐車場を要すること等を考慮してもなお、所有者を異にするにもかかわらず本件土地とA社土地とを一体として取引の対象とするのが社会通念に照らして合理的であるとまで認めることはできず、画地計算法の適用において、本件土地とA社土地を区分したのではこれらの各土地の適正な時価すなわち客観的な交換価値から乖離する場合に該当するということはできない。

　なお、上告は不受理で納税者勝訴が確定している。

3-9-4 当該裁判例の意義

　本件は、宅地等の評価に際に利用される「画地計算法」の具体的な適用方法について問われた事案である。固定資産評価基準別表第3、2「画地の認定」によれば、一画地は原則として一筆の宅地によるものとされるが、そのただし書で、一筆の宅地または隣接する二筆以上の宅地について、その形状、利用状況等からみて、一体をなしていると認められる部分に区分し、またはこれらを合わせる必要がある場合においては、その一体をなしている部分の宅地ごとに一画地とする、とされている。

国道に面した土地を所有しそこに建物を建築して店舗を開設するＡ社に対し、その隣接地を所有する原告が、Ａ社にその土地を貸し出し、Ａ社は借り受けた土地を、Ａ社が運営する店舗を訪れる客が利用する駐車場として使用していた。確かに、Ａ社の事業（ロードサイド型店舗運営）という観点からみれば、Ａ社所有敷地と原告所有地とは一体で運営されている。しかし、原告所有土地は単独での使用も可能であり、その場合の最有効使用は共同住宅地であること、Ａ社所有土地は建物の敷地（宅地）であるのに対し、原告所有土地は駐車場用地（雑種地）であり、地目や利用目的が異なることを勘案すれば、一体の評価ではなく別個の評価とした裁判所の判断は妥当といえるだろう。

3-10 固定資産評価基準と適正な時価との関係が争われた事例

（最高裁平成25年7月12日判決・民集67巻6号1255頁）

3-10-1 事案の概要

　本件は、東京都府中市内の区分建物（不動産登記法2条22号）を共有し、その敷地権（同法44条1項9号）に係る固定資産税の納税義務を負う上告人が、府中市長により決定され土地課税台帳に登録された上記敷地権の目的である各土地の平成21年度の価格を不服として、府中市固定資産評価審査委員会に対し審査の申出をしたところ、これを棄却する旨の決定を受けたため、被上告人（府中市）を相手に、その取消等を求める事案である。

　上告人及びA（上告人の配偶者）は、上告人を登記名義人として、区分建物及びその敷地権を共有している。この敷地権の目的である土地を含む一帯の土地は、共同住宅である車返団地の敷地等であり、府中市の都市計画において都市計画法第8条第1項第1号所定の第一種中高層住居専用地域と定められている。当該地域の指定建ぺい率は60％、指定容積率は200％である。

　車返団地は、府中市の都市計画において定められた同法第11条第1項第8号所定の「一団地の住宅施設」であるところ、本件各土地のうち車返団地の敷地である各土地については、上記都市計画において、建ぺい率が20％に、容積率が80％にそれぞれ制限されている。

　府中市長は、本件各土地について、地方税法第341条第6号の基準年度に当たる平成21年度の価格を決定し、これを土地課税台帳に登録した。このうち本件敷地部分につき登録された価格は、土地Bについては26億357万6,166円、土地Cについては2億5,557万4,844円、土地Dについては25億9,418万6,372円であり、これらの1㎡当たりの価格は16万4,560円である。

　上告人は、平成21年7月2日頃、本件委員会に対し、本件各土地に係る平成21年度の土地課税台帳に登録された価格につき、上記の都市計画より低い建

ぺい率及び容積率の制限を適切に考慮していないとして審査の申出をしたところ、本件委員会は、上告人の審査の申出を棄却する旨の本件決定をした。そこで上告人は、被上告人を相手に、本件決定の取消訴訟を提起したところである。

　一審（東京地裁平成22年9月10日判決・民集67巻6号1292頁）は、原告の請求を棄却、二審（東京高裁平成23年10月20日判決・民集67巻6号1304頁）も以下のように判断し控訴人の請求を棄却した。

　地方税法第434条に基づく固定資産評価審査委員会の決定の取消の訴えにおいては、原則として同法第432条に基づく固定資産課税台帳に登録された価格が適正な時価を超えた違法があるかどうかが審理判断の対象となるべきものであり、例外的に、固定資産評価審査委員会の審査決定の手続に不服審査制度の根幹に関わり、結論に影響がなくても違法として取り消されなければ制度の趣旨を没却することとなるような重大な手続違反があった場合に限り、固定資産評価審査委員会の決定を取り消すこととなると解すべきである。上告人は、本件敷地登録価格につき、その決定には標準宅地の適正な時価の評定の誤り等多くの誤りがあり、同法第388条第1項の固定資産評価基準によって決定された価格とはいえない旨主張するが、それは、上記の重大な手続違反を主張するものではなく、適正な時価を超えた違法があると主張するに帰するものであるから、本件敷地登録価格の決定の適法性の判断に当たっては、適正な時価を超えているかどうかを検討すれば必要かつ十分である。

　そして、本件敷地部分に関しては、上告人と被上告人が提出した各鑑定意見書により認められる諸般の事情を総合考慮すると、<u>平成21年度の賦課期日における本件敷地部分の適正な時価は、本件敷地登録価格を上回るものと認められるから、本件敷地登録価格の決定が違法となることはない</u>。

3-10-2　裁判所の判断

＜破棄差戻し＞

　地方税法は、固定資産税の課税標準に係る適正な時価を算定するための技術的かつ細目的な基準の定めを総務大臣の告示に係る評価基準に委任したもので

あること等からすると、評価対象の土地に適用される評価基準の定める評価方法が適正な時価を算定する方法として一般的な合理性を有するものであり、かつ、当該土地の基準年度に係る賦課期日における登録価格がその評価方法に従って決定された価格を上回るものでない場合には、その登録価格は、その評価方法によっては適正な時価を適切に算定することのできない特別の事情の存しない限り、同期日における当該土地の客観的な交換価値としての適正な時価を上回るものではないと推認するのが相当である（最高裁平成15年7月18日判決・判時1839号96頁、最高裁平成21年6月5日判決・裁判集民事231号57頁参照）。

また、地方税法は、固定資産税の課税標準に係る固定資産の評価の基準並びに評価の実施の方法及び手続を総務大臣の告示に係る評価基準に委ね、市町村長は、評価基準によって、固定資産の価格を決定しなければならないと定めている。これは、全国一律の統一的な評価基準による評価によって、各市町村全体の評価の均衡を図り、評価に関与する者の個人差に基づく評価の不均衡を解消するために、固定資産の価格は評価基準によって決定されることを要するものとする趣旨であると解され（最高裁平成15年6月26日判決・民集57巻6号723頁参照）、これを受けて全国一律に適用される評価基準として昭和38年自治省告示第158号が定められ、その後数次の改正が行われている。

これらの地方税法の規定及びその趣旨等に鑑みれば、固定資産税の課税においてこのような全国一律の統一的な評価基準に従って公平な評価を受ける利益は、適正な時価との多寡の問題とは別にそれ自体が地方税法上保護されるべきものということができる。したがって、<u>土地の基準年度に係る賦課期日における登録価格が評価基準によって決定される価格を上回る場合には、同期日における当該土地の客観的な交換価値としての適正な時価を上回るか否かにかかわらず、その登録価格の決定は違法となるものというべきである</u>（「違法パターン①」）。

そして、地方税法は固定資産税の課税標準に係る適正な時価を算定するための技術的かつ細目的な基準の定めを総務大臣の告示に係る評価基準に委任したものであること等からすると、<u>評価対象の土地に適用される評価基準の定める評価方法が適正な時価を算定する方法として一般的な合理性を有するものであり、かつ、当該土地の基準年度に係る賦課期日における登録価格がその評価方法に</u>

従って決定された価格を上回るものでない場合には、その登録価格は、その評価方法によっては適正な時価を適切に算定することのできない特別の事情の存しない限り、同期日における当該土地の客観的な交換価値としての適正な時価を上回るものではないと推認するのが相当である（最高裁平成15年7月18日・判時1839号96頁、最高裁平成21年6月5日判決・裁判集民事231号57頁参照、「違法パターン②」）。

以上に鑑みると、土地の基準年度に係る賦課期日における登録価格の決定が違法となるのは、当該登録価格が、①当該土地に適用される評価基準の定める評価方法に従って決定される価格を上回るとき（違法パターン①）であるか、あるいは、②これを上回るものではないが、その評価方法が適正な時価を算定する方法として一般的な合理性を有するものではなく、またはその評価方法によっては適正な時価を適切に算定することのできない特別の事情が存する場合であって、同期日における当該土地の客観的な交換価値としての適正な時価を上回るとき（違法パターン②）であるということができる。

本件敷地登録価格の決定及びこれを是認した本件決定の適法性を判断するに当たっては、本件敷地登録価格につき、適正な時価との多寡についての審理判断とは別途に、上記①（違法パターン①）の場合に当たるか否か（建ぺい率及び容積率の制限に係る評価基準における考慮の要否や在り方を含む）についての審理判断をすることが必要であるところ、原審はこれを不要であるとしてこの点についての審理判断をしていない。そうすると、原判決には、土地の登録価格の決定が違法となる場合に関する法令の解釈適用を誤った結果、上記の点について審理不尽の違法があるといわざるを得ず、この違法は原判決の結論に影響を及ぼすことが明らかである。

また、上記②（違法パターン②）の場合に当たるか否かの判断に当たっては、本件敷地部分の評価において適用される評価基準の定める評価方法が適正な時価を算定する方法として一般的な合理性を有するものであるか、その評価方法によっては適正な時価を適切に算定することのできない特別の事情があるか等についての審理判断をすることが必要であるところ、原審は、評価基準によらずに認定した本件敷地部分の適正な時価が本件敷地登録価格を上回ることのみを理由として当該登録価格の決定は違法ではないとしており、これらの点についての審

理判断をしていない。

そうすると、原判決には、上記の点についても審理不尽の違法があるといわざるを得ず、この違法も原判決の結論に影響を及ぼすことが明らかである。

3-10-3 当該裁判例の意義

本判決では、最高裁平成15年6月26日判決・民集57巻6号723頁（前掲 3-2 参照）では明確にされなかった、固定資産評価基準によって決定される金額（地法388①、403①）と土地課税台帳等への登録価格（地法349①）との関係について、後者が前者を上回っている場合には、後者の決定は違法となる旨（違法パターン①）が明らかにされた点が重要である。

しかも、「土地の基準年度に係る賦課期日における登録価格が評価基準によって決定される価格を上回る場合には、同期日における当該土地の客観的な交換価値としての適正な時価を上回るか否かにかかわらず、その登録価格の決定は違法となるものというべきである」としており、委任立法である固定資産評価基準[110]に基づいて評価するという手続きを殊更に重視し尊重するという立場が明示されている（当該判示につき、評価基準の手続規範の重要性が高まったとの評価がある[111]）。

● 最高裁判決のいう「違法パターン」
違法パターン①：登録価格＞評価基準に基づく評価額
違法パターン②：登録価格＞客観的な交換価値としての適正な時価
　　　　　　　　（評価基準による評価方法に一般的な合理性がないか、評価方法によるべきでない特別な事情が存する場合）

110　一種の委任立法であり、法規としての性格を有する補充立法であると解されている。金子前掲注1書716頁参照。
111　渡辺徹也「固定資産評価基準の意義」中里実他編『租税判例百選（第6版）』（有斐閣・2016年）187頁。

3-10-4 差戻し審の判決

　本判決（最高裁判決）により、審理不尽の部分につき原審に差し戻されている。その判決（東京高裁平成26年3月27日判決・TAINS Z999-8329）内容は以下のとおりである。

　本件敷地の登録価格の決定は、本件制限が減価要因として考慮されておらず、仮に本件制限を減価要因として適切に考慮した場合の本件敷地の登録価格は、実際に府中市長によって決定された本件敷地登録価格よりも下回るものとなるはずであり、府中市長によって決定された本件敷地登録価格は、本件敷地部分に適用される評価基準の定める評価方法に従って決定される価格を上回るものであると認められる（上記最高裁判決の「違法パターン①」）。したがって、本件敷地登録価格は、標準宅地の適正な時価の評定が適切になされたものとはいえず、本件敷地登録価格の決定及びこれを是認した本件決定は、この点を看過した違法なものであるから、本件決定の取消しを求める控訴人の請求には理由があるというべきである。

　一方、国家賠償請求については、以下のとおり判示して棄却された。すなわち、上記認定のとおり、一団地の住宅施設に係る建ぺい率及び容積率の制限を固定資産の価格の決定に際して考慮するようになったのは、東京都においても平成18年度の評価替えのときからであり、その他の自治体において、これよりも早く同様の取扱いをしていたことを認めるに足りる証拠はなく、また、その他の自治体において、平成21年度の評価替えのときには広く上記のような取扱いをするようになったことを窺わせる証拠もない。しかも、府中市長がした本件敷地登録価格の決定は、不動産鑑定士による鑑定に基づいてなされたものであり、その限りでは地方税法等が予定していた手続を踏まえてなされたものであることが認められる。これらの事情に加えて、上記認定の諸事情を総合勘案すると、平成21年度分の本件敷地登録価格の決定に際して、府中市長において一団地の住宅施設に係る建ぺい率及び容積率の本件制限を固定資産の価格の決定に際して考慮しなければならないものと認識していたわけではなく、かつ、そのような認識に至ることを期待することも困難であったと認められるから、府中市長には、そ

の公権力の行使に際して、国家賠償法1条所定の違法性の認識はなかったものというべきである。したがって、国家賠償請求を求める控訴人の請求は理由がない。

第4章

4-1 新築家屋が課税客体となる時期
（最高裁昭和59年12月7日判決・民集38巻12号1287頁）

4-1-1　事案の概要

　原告は、昭和51年8月18日、訴外A商事株式会社から、同社の所有する建物を買い受けて取得したところ、被告栃木県B県税事務所長は、原告に対し、同年12月10日付け不動産取得税納税通知書をもって、本件建物の取得について、課税標準を3億1,561万9,000円、税額を946万8,570円とする不動産取得税賦課決定をした。

　原告は、本件処分に不服であったので、栃木県知事に対し審査請求をしたところ、同知事は、昭和52年3月31日、右審査請求を棄却する旨の裁決をした。そこで、原告は、やむなく昭和52年8月25日までに右税額及び延滞利子の合計989万5,070円を被告県に納付したものの、本件処分の取消を求め、提訴した。

　一審（宇都宮地裁昭和56年10月15日判決・行裁例集32巻10号1827頁）では、以下のように判示し、原告の主張を認め全部取消とした。

　本件建物は、昭和50年1月1日当時、一部に工事の未了部分があったが、既に主要構造部を備え、社会通念上、土地から独立した一個の不動産として取引または利用の対象とされ得る程度にまで達していたことは明らかである。

　そうすると、本件建物は、昭和50年1月1日現在、固定資産税の課税客体として所在していた家屋であることになるから、昭和51年度においては、固定資産評価基準にいう「在来分の家屋」に該当するというべきである。そして、本件建物につき、改正後の基準によって求めた家屋の価額は改正前の基準によって求めた価額を超えることは明らかであるから、本件建物についての課税標準は改正前の基準に従って決定すべきであったわけである。したがって、本件建物を昭和51年度における右基準にいう「新増分の家屋」に該当するとして、新基準に従ってされた被告県税事務所長の本件建物の取得についての課税標準の決定及びこ

れを前提とする本件不動産取得税賦課決定は、誤りであるといわなければならない。よって、本件処分は全部違法として取消を免れない。

一方、二審（東京高裁昭和57年11月30日判決・行裁例集33巻11号2383頁）において裁判所は以下のとおり判示し、納税者が逆転敗訴した。

建築途上の家屋が固定資産税の課税対象となるのは、当該家屋の一連の建築工事の過程において、課税目的に照らしこれ以上当該家屋の価格の増加が把握できないといえる程度に工事が完了したと認められる状態、換言すれば、<u>当該家屋の本来の用途に応じ現実に使用収益することが可能な程度に工事が完了した状態に達したことを要するものと解するのが相当である</u>。

そうなると、本件建物は昭和50年1月1日現在、固定資産税の課税対象として所在していた家屋であるということはできず、同年2月頃その課税対象となったものというべきであるから、昭和51年度の固定資産評価基準においては「在来分の家屋」ではなく「新増分の家屋」に該当するといわなければならない。それ故、控訴人がこれを前提として新基準に従ってした本件不動産取得税賦課決定に誤りはない。

4-1-2　裁判所の判断

＜上告棄却＞

固定資産税は、家屋等の資産価値に着目し、その所有という事実に担税力を認めて課する一種の財産税であるところ、<u>新築の家屋の場合は、一連の新築工事が完了した段階において初めて家屋としての資産価値が定まり、その正確な評価が可能になるというべきである</u>。また、新築工事中の建造物が、工事の途中においても、一定の段階で土地を離れた独立の不動産となる場合のあることは否定できないが、独立の不動産となる時期及びその時期における所有権の帰属を認定判断することは課税技術的に必ずしも容易なことではないのであって、工事途中の建造物を課税客体とすることは、固定資産の持つ資産価値に着目しつつ明確な基準の下に公平な課税を図るべき固定資産税制度の趣旨に沿うものということができない。

本件建物は、注文者Ａ商事株式会社と請負人Ｃ工業株式会社との間の請負契約に基づき新築された、鉄骨鉄筋コンクリート造陸屋根地下１階地上12階建店舗・事務所・旅館で、昭和50年１月１日現在においては、基礎工事、鉄骨鉄筋工事及びコンクリート工事が完了し、コンクリートの壁及び床もほぼ出来上がっていた。しかし、内部仕上工事、すなわち床工事、内壁工事、天井工事、照明器具の設置等が全体として未完成の状態にあったところ、Ｃ工業株式会社は、同月一杯かかって当該内部仕上工事を完成し、同年２月に請負代金の約80パーセントを受領して本件建物をＡ商事株式会社に引き渡した。そうであるとすれば、本件建物は、昭和50年１月１日現在においては、一連の新築工事がいまだ完了しておらず、したがって固定資産税の課税客体となっていなかったもので、同年２月ころに初めて課税客体となったというべきである。すると、昭和51年度においては固定資産評価基準にいう「新増分の家屋」に該当するものであり、このことを前提とする本件不動産取得税賦課決定は適法というべきである。これと同旨の原審の判断は、正当として是認することができ、その過程に所論の違法はない。

4-1-3　当該裁判例の意義

　固定資産税は、賦課期日現在において存在する固定資産に対して課される（地法359）。その場合、建築中の建物がどの段階で「家屋」として課税対象となるのかが問題となる。これについて一審では、賦課期日において「既に主要構造部を備え社会通念上土地から独立した一個の不動産として取引又は利用の対象とされ得る程度にまで」達していたとして、本件建物が固定資産税の対象となる家屋であるとした。これは通説的な解釈である、建築中の建物が屋根瓦を葺き、外壁を塗り終わって、一個の不動産として取引または利用の対象とされ得る程度に達していれば、固定資産税の対象となる家屋であるという考え方[112]とほぼ同様に解しているものと考えられる。

112　恐らく、内装は未了でも家屋と取り扱っても構わないということであろう。金子前掲注１書702頁参照。

一方、二審は、建築途上の建物が家屋として課税対象となるのは、「課税目的に照らしこれ以上当該家屋の価格の増加が把握できないといえる程度に工事が完了したと認められる状態、換言すれば、当該家屋の本来の用途に応じ現実に使用収益することが可能な程度に工事が完了した状態に達したことを要するものと解するのが相当」であるとして、本件建物が賦課期日において固定資産税の対象となる家屋には該当しないとした。

　最高裁の考え方も上記高裁の解釈と同じであると考えられる。すなわち、賦課期日現在において、「基礎工事、鉄骨鉄筋工事及びコンクリート工事が完了し、コンクリートの壁及び床もほぼ出来上がっていた」が、「内部仕上工事、すなわち床工事、内壁工事、天井工事、照明器具の設置等が全体として未完成の状態にあった」ため、「本件建物は、昭和50年1月1日現在においては、一連の新築工事がいまだ完了しておらず、したがって固定資産税の課税客体となっていなかったもので、同年2月ころに初めて課税客体となったというべきである」としたのである。外壁工事だけではなく、内装工事も終了している必要があるという、かなり厳しい判断基準である。

　本件最高裁の判断は、通説的な解釈とは必ずしも符合しないが、実務は通説的な解釈に基づき行われているため、本件で示された最高裁の判断の射程は限定的ではないかと考えられる。

4-2 未登記の家屋に関する固定資産税の納税義務者

（最高裁平成26年9月25日判決・裁時1612号4頁・TAINS Z999-8335）

4-2-1 事案の概要

　被上告人（原告・納税者）は、平成21年12月7日、埼玉県坂戸市内において家屋を新築し、その所有権を取得した。

　平成22年1月1日の時点では、本件家屋につき、登記はされておらず、家屋補充課税台帳における登録もされていなかった。平成22年10月8日、本件家屋につき、所有者を被上告人として、登記原因を「平成21年12月7日新築」とする表題登記がされた。

　坂戸市長は、平成22年12月1日、本件家屋につき、平成22年度の家屋課税台帳に、所有者を被上告人、建築年月を平成21年12月、新増区分を新築とするなどの所要の事項の登録をした。

　坂戸市長は、平成22年12月1日、被上告人に対し、本件家屋に係る平成22年度の固定資産税等の賦課決定処分をした。

● 事実関係の時系列

　一審のさいたま地裁は、「固定資産税を賦課する段階において、登記簿又は家屋補充課税台帳の記載を基準として所有者を判定すれば足りるのであり、所有者判定の基準としての登記名義人課税の原則が、賦課期日現在において存在

する新築家屋について、賦課期日時点で未登記の場合に固定資産税の納税義務を誰も負わないとの趣旨を含むものとまで解することはできない」として、市役所の課税処分を適法とした（さいたま地裁平成24年1月25日判決・民集68巻7号757頁・TAINS Z999-8333）。

一方控訴審の東京高裁では、逆に、「家屋については、これを現実に所有している者であっても、賦課期日である1月1日に登記簿又は家屋補充課税台帳に所有者として登記又は登録されていない限り、（地方税法）343条1項及び2項前段の規定に基づいて固定資産税の納税義務を負うことはないというべきである（カッコ内筆者）」として、市役所の課税処分を違法とした（東京高裁平成24年9月20日判決・民集68巻7号764頁・TAINS Z999-8334）。

4-2-2　裁判所の判断

＜破棄自判＞

固定資産税は、土地、家屋及び償却資産の資産価値に着目し、その所有という事実に担税力を認めて課する一種の財産税であるところ、法は、その納税義務者を固定資産の所有者とすることを基本としており（地法343①）、その要件の充足の有無を判定する基準時としての賦課期日を当該年度の初日の属する年の1月1日としている（地法359）ので、上記の固定資産の所有者は当該年度の賦課期日現在の所有者を指すこととなる。

他方、土地、家屋及び償却資産という極めて大量に存在する課税物件について、市町村等がその真の所有者を逐一正確に把握することは事実上困難であるため、法は、課税上の技術的考慮から、土地または家屋については、登記簿または土地補充課税台帳もしくは家屋補充課税台帳に所有者として登記または登録されている者を固定資産税の納税義務者として、その者に課税する方式を採用しており（地法343②前段）、真の所有者がこれと異なる場合における両者の間の関係は私法上の求償等に委ねられているものと解される（最高裁昭和47年1月25日判決・民集26巻1号1頁参照）。

このように、法は、固定資産税の納税義務の帰属につき、固定資産の所有と

いう概念を基礎としたうえで(地法343①)、これを確定するための課税技術上の規律として、登記簿または補充課税台帳に所有者として登記または登録されている者が固定資産税の納税義務を負うものと定める(地法343②前段)一方で、その登記または登録がされるべき時期につき特に定めを置いていないことからすれば、その登記または登録は、賦課期日の時点において具備されていることを要するものではないと解される。

そして、賦課期日の時点において未登記かつ未登録の土地もしくは家屋または未登録の償却資産に関して、法は、当該賦課期日に係る年度中に所有者が固定資産税の納税義務を負う不足税額の存在を前提とする定めを置いており(地法368)、また、賦課期日の時点において未登記の土地または家屋につき賦課期日後に補充課税台帳に登録して当該年度の固定資産税を賦課し(地法341十一、十三、381②④)、賦課期日の時点において未登録の償却資産につき賦課期日後に償却資産課税台帳に登録して当該年度の固定資産税を賦課する(地法381⑤、383)ことを制度の仕組みとして予定していると解されること等を踏まえると、土地または家屋に係る固定資産税の納税義務の帰属を確定する登記または登録がされるべき時期について上記のように解することは、関連する法の諸規定や諸制度との整合性の観点からも相当であるということができる。

以上によれば、土地または家屋につき、賦課期日の時点において登記簿または補充課税台帳に登記または登録がされていない場合において、賦課決定処分時までに賦課期日現在の所有者として登記または登録されている者は、当該賦課期日に係る年度における固定資産税の納税義務を負うものと解するのが相当である。

なお、土地または家屋について、賦課期日の時点において登記簿または補充課税台帳に登記または登録がされている場合には、これにより所有者として登記または登録された者は、賦課期日の時点における真の所有者でなくても、また、賦課期日後賦課決定処分時までにその所有権を他に移転したとしても、当該賦課期日に係る年度における固定資産税の納税義務を負うものであるが(最高裁昭和30年3月23日判決・民集9巻3号336頁、前掲最高裁昭和47年1月25日判決参照)、このことは、賦課期日の時点において登記簿または補充課税台帳に登記または登録がされていない場合に、賦課決定処分時までに賦課期日現在の所有者として

登記または登録されている者が上記のとおり当該年度の固定資産税の納税義務を負うことと何ら抵触するものではない。

前記事実関係等によれば、被上告人は平成21年12月に本件家屋を新築してその所有権を取得し、本件家屋につき、同22年10月に所有者を被上告人として登記原因を「平成21年12月7日新築」とする表題登記がされ、平成22年12月1日に本件処分がされたものであるから、被上告人は、賦課決定処分時までに賦課期日である同年1月1日現在の所有者として登記されている者として、本件家屋に係る平成22年度の固定資産税の納税義務を負うものというべきである。

4-2-3 当該裁判例の意義

家屋に関し、固定資産税の納税義務が生じる時期については、従来、納税者が実際に当該家屋に入居し所有者となった時期であるのか、それとも納税義務者の氏名が固定資産課税台帳に登録等がされた時期であるのか争いがあったところであるが、最高裁が前者であることを明確にしたのが本判決の最大の意義であろう。

固定資産税についてはいわゆる「台帳課税主義」を採っているが、これは、課税対象となる固定資産の数が多いため、課税の事務処理の便宜上、納税義務者の判定に当たっては、画一的・形式的に登記簿上の所有名義人を所有者として取り扱うのが理にかなっているためと解されている。しかし、地方税の課税実務上、賦課期日において台帳に登録されていないが、既に固定資産の所有者となっているため課税要件を満たしており、納税義務を負うこととなる者が生じるケースが珍しくない。本件はその一例であるが、そもそもこのような事態が生じるのは、固定資産の所有者の特定が遅れたためであり、いわば行政の不作為であると考えられる。そうなると、このような事態は引き続き生じ得ることを勘案すれば、賦課課税制度の下行政の不作為を問わないとした本件判決内容の是非が、今後問われるものと思われる[113]。

113　松原有里「家屋に関する固定資産税の納税義務者」『最新租税基本判例70』(日本税務研究センター・平成26年) 250頁参照。

4-3 固定資産評価基準に従って決定された家屋の価格が適正な時価を超えるとした原審の判決を違法とした事例

(最高裁平成15年7月18日判決・判時1839号96頁)

4-3-1 事案の概要

　本件は、鉄骨造陸屋根3階建店舗(昭和51年12月建築)を所有していた甲が、北海道伊達市長によって以下のとおり決定され固定資産課税台帳に登録された本件建物の平成9年度の価格を不服として、上告人(伊達市固定資産評価審査委員会)に対して審査の申出をしたところ、上告人からこれを棄却する旨の決定を受けたため、その相続人である被上告人が本件決定の取消を求める事案である。

　伊達市長は、固定資産評価基準に従い、本件建物の再建築費評点数4,715万2,107点に経年減点補正率0.58及び評点1点当たりの価額1.1円を乗じ、平成9年度の本件建物の価格を3,008万3,044円と決定した。

　これに対し、被上告人は、原審(札幌高裁平成11年6月16日判決・判自199号46頁)において、本件建物の平成9年1月1日時点の鑑定評価額を1,895万円とする不動産鑑定士三好敬作成の鑑定評価書(以下「三好鑑定書」)を提出した。その内容は、本件建物の概況、建築時期、構造等の調査に基づき、①再調達原価を5,082万8,000円(1平方メートル当たり12万8,000円)とし、②本件建物の築後年数を19年、経済的残存耐用年数を20年、同耐用年数経過時の残価率を0とする定額法による減価として、前記再調達原価に残価率39分の20を乗じて2,606万6,000円を算出し、③これに0.75(観察減価25%)を乗じて1,955万円を算出し、④補修費60万円を控除するというものである。

> 鑑定評価額1,895万円 ≒ 再調達原価5,082万8,000円 × 20／39 × 0.75 － 60万円

　これを受け、原審においては、以下のように判断して、本件決定を取り消すも

のとした。すなわち、三好鑑定書に添付された地図及び写真に照らしても、その評価の前提となる事実の確定、計算過程等に問題があるとは認められないから、三好鑑定書に基づいて本件建物の適正な時価を認定するのが相当である。また、三好鑑定書の観察減価または補修費の控除が、定額法による減価と重複しているものとみる余地があるとしても、本件建物の平成9年1月1日時点の適正な時価は2,606万円程度を超えるものではない。したがって、伊達市長の決定した価格である3,008万3,044円は適正な時価を超えるから、本件決定は、審査手続の適法性について判断するまでもなく違法である、とされた。

4-3-2　裁判所の判断

<破棄差戻し>

　伊達市長は、本件建物について固定資産評価基準に定める総合比準評価の方法に従って再建築費評点数を算出したところ、この評価の方法は、再建築費の算定方法として一般的な合理性があるということができる。また、評点1点当たりの価額1.1円は、家屋の資材費、労務費等の工事原価に含まれない設計監理費、一般管理費等負担額を反映するものとして、一般的な合理性に欠けるところはない。そして、鉄骨造り（骨格材の肉厚が4㎜を超えるもの）の店舗及び病院用建物について評価基準が定める経年減点補正率は、この種の家屋について通常の維持管理がされた場合の減価の手法として一般的な合理性を肯定することができる。

　そうすると、伊達市長が本件建物について評価基準に従って決定した前記価格は、評価基準が定める評価の方法によっては再建築費を適切に算定することができない特別の事情または評価基準が定める減点補正を超える減価を要する特別の事情の存しない限り、その適正な時価であると推認するのが相当である。

　三好鑑定書が採用した評価方法は、評価基準が定める家屋の評価方法と同様、再建築費に相当する再調達原価を基準として減価を行うものであるが、原審は、三好鑑定書の算定した本件建物の1平方メートル当たりの再調達原価及び残価率を相当とする根拠を具体的に明らかにしていないため、原審の前記説

示から直ちに上記特別の事情があるということはできない。そして、原審は、上記特別の事情について他に首肯するに足りる認定説示をすることなく、本件建物の適正な時価が2,606万円程度を超えるものではないと判断したものであり、その判断には、判決に影響を及ぼすことが明らかな法令の違反がある。論旨はこの趣旨をいうものとして理由があり、原判決は破棄を免れない。そして、本件決定の適否について更に審理を尽くさせるため、本件を原審に差し戻すこととする。

4-3-3 当該裁判例の意義

　固定資産税に関する家屋の評価については、一般に、家屋の再建築費を求め、時の経過によりその家屋に生ずる損耗の状況による減価を行って評価する方法である再建築価格方式によることとなる（固定資産評価基準第2章第2節一2、第3節一2）[114]。これは固定資産評価基準に基づく家屋の評価方法であるが、本件は、当該評価方法に基づいて評価され決定された家屋の価格が、「適正な時価」を超えるのかどうかが争われた事案である。

　二審の札幌高裁では、不動産鑑定士の鑑定評価額が「適正な時価」に該当するものと認定され、それを超える伊達市の決定は違法であるとして取り消すものとされた。それに対し、最高裁は、固定資産評価基準に基づく家屋の評価方法である再建築価格方式は、特別な事情が存しない限り「適正な時価」を算定するのに合理的な方法であり、本件には特別な事情が存しないことから、原審の判決が違法であるとして破棄・差戻しとした。

　本件は、再建築価格方式によっては適正な時価を算定できないとする根拠（特に鑑定評価のような再調達原価及び残価率を採用する根拠）を納税者が十分に示すことができておらず、破棄・差戻しとした最高裁の判断は妥当であると考えられる。ただし、家屋の評価に関し、固定資産評価基準の残価率（20%）が果たして妥当な水準といえるのかについては、今後更なる検討が必要であると思われる。

---

[114] 金子前掲注1書712頁。

4-4 既存建物の評価について争う際に建築当初の評価誤りを主張することの可否が問題となった事例

（東京高裁平成27年9月24日判決・裁判所ホームページ）

4-4-1 事案の概要

　本件は、昭和57年9月14日に新築され、平成3年3月31日に増築され、平成6年に増築部分について減築されている家屋（以下「本件家屋」といい、このうち増減築された部分を「増築部分」と、その余を「新築部分」という）を所有する原審原告（納税者）が、固定資産課税台帳に登録された平成21年度の本件家屋の価格（以下「本件登録価格」という）である31億3,408万8,400円について、本件家屋の新築部分の建築当初の設備の評価等に誤りがあって本件登録価格が適正な時価を超えるものであるとして、東京都固定資産評価審査委員会に対し、地方税法432条1項による審査の申出（以下「本件申出」という）をしたが、平成24年1月10日付けで、同委員会から本件申出を棄却する旨の決定（以下「本件決定」という）を受けたため、本件決定のうち原審原告が相当と考える本件家屋の価格である27億1,966万5,600円を超える部分は違法であると主張して、同部分の取消を求めた事案である。

　本件の争点は、固定資産税に関し、納税者が（過年度に新築された）既存家屋の評価を争う際に、建築当初の評価に誤りがあったことを主張できるかどうかという点である。

　原審（東京地裁平成27年1月14日判決・裁判所ホームページ）は、以下のとおり判断して、本件登録価格のうち30億6,072万9,000円を超える部分は違法であるとし、本件決定のうち同部分を取り消した。

① 本件登録価格に不服を申し立てる本件申出において、<u>本件家屋の新築部分の建築当初の評価の誤りを主張することも許され</u>、<u>これを許しても従前の登録価格及びこれに基づく課税処分の効力は左右されないから</u>、法的安定性を害することもない。

② 本件家屋の新築部分の建築当初の評価において、ア．主体構造部の鉄骨の全てに耐火被覆が施工されているとする点、イ．延べ床面積の全体にスプリンクラー設備が設置されているとする点、ウ．電気設備中のテレビジョン共同聴視設備に規模補正を行っていない点、エ．床仕上等4項目において誤った再建築費評点数を用いた点について誤りがあり、これを正して計算すると、固定資産評価基準に基づく平成21年度の本件家屋の価格は30億6,072万9,000円となる。

4-4-2　裁判所の判断

＜原審原告の控訴に基づき原判決の一部変更、原審被告の控訴を棄却＞

　<u>本件家屋の新築部分の建築当初の再建築費評点数の算出には誤りがあり、これは本件登録価格に影響を及ぼすものであって、原審原告（納税者）が本件家屋の新築部分の建築当初の再建築費評点数の誤りを主張することも許されるから、この誤りを正して計算すると、本件登録価格のうち30億5,056万5,900円を超える部分は違法である。</u>

　固定資産評価基準は、在来分の非木造家屋に係る再建築費評点数の算出方法につき、「基準年度の前年度における再建築費評点数」に「再建築費評点補正率」を乗じて求めるとし、その「基準年度の前年度における再建築費評点数は、前基準年度に適用した固定資産評価基準第2章第1節、第3節及び第4節一によって求めたものをいう」と規定している（固定資産評価基準第2章第3節四1、評点補正方式）。これによれば、「基準年度の前年度における再建築費評点数」は固定資産評価基準に則って求められた再建築費評点数をいうものであり、したがって、上記算式により算定される基準年度の再建築費評点数も、固定資産評価基準に則って求められたものと解するのが相当である。<u>原審被告（東京都）は、この「基準年度の前年度における再建築費評点数」が前基準年度に算出された事実としての確定数値を示しているものと主張するが、それは、本件規定を「基準年度の前年度における再建築費評点数は、前基準年度に適用したものをいう」と読み変えるものであり、本件規定の規定振りに照らしてにわかに採用すること</u>

はできない。また、原審被告の主張する在来分の非木造家屋の評価方法の沿革に照らしても、本件規定にいう「基準年度の前年度における再建築費評点数」が単なる確定数値を意味するものであるとすべき根拠を見出すことはできないというべきであるし、在来分の非木造家屋の評価方法としてより簡便な評点補正率方式が採用された経緯等によっても、建築当初の評価の誤りは課税初年度限りで是正済みであることを前提としたもの、即ち、建築当初の評価の誤りについて納税者が不服申立てをし得るのが課税初年度に限定されることを意味するものとまでは到底解することができない。さらに、本件家屋の新築部分の再建築費評点数は、建築当初の再建築費評点数を基礎として、その後の昭和60年度から平成18年度までの各基準年度の固定資産評価基準を適用して算出されたものであり(前提事実)、建築当初の評価における再建築費評点数が前提ないし基礎となっていない評価方法が採られたものではない。

　したがって、原審被告の上記主張は採用することができない。

　原審被告は、平成21年度が基準年度である在来分の非木造家屋の評価において適用されるのは平成21年度の固定資産評価基準に限られ、過去の評価基準と一体となって適用されるわけではないから、「基準年度の前年度における再建築費評点数」は平成20年度で確定した値であり、何者にも依存しない自立した値と解すべきであるとも主張する。

　しかし、平成21年度が基準年度である在来分の非木造家屋の評価において適用されるのは平成21年度の固定資産評価基準であるが、同基準自体が、上記のとおり、前基準年度に適用した固定資産評価基準第2章第1節、第3節及び第4節一によって求めた再建築費評点数に基づくことを求めているのであり、また、前基準年度(平成18年度)に適用した固定資産評価基準においても同様の定めがされているため、更に前々基準年度(平成15年度)に適用した固定資産評価基準によって求めた再建築費評点数に基づく必要を生ずるのであって、これを繰り返すことによって建築当初の課税初年度に適用した固定資産評価基準に則った再建築費評点数によることが求められるのであるから、これはまさに平成21年度の固定資産評価基準を適用した結果であるというべきである。このように、平成21年度を基準年度とする在来分の非木造家屋の評価において同年度の固

定資産評価基準を適用することから、直ちに「基準年度の前年度における再建築費評点数」が平成20年度で確定かつ自立した値と解すべきことになるわけではない。

したがって、原審被告の上記主張は採用することができない。

4-4-3　当該裁判例の意義

本件は、建築当初（昭和57年）において存在した評価誤りが、その後正されることなく放置された結果、「基準年度の前年度における再建築費評点数」が過大となる場合、本件申出（平成21年度を基準年度とする登録価格に関する不服の申立て）の際に（いわば「蒸し返し」を）主張できるかが問われた事案であり、裁判所はこれを認めたものである。

本判決では、建築当初の評価における再建築費評点数を基礎とすることが、固定資産評価基準に定める評価方法に沿ったものであることが示された。このような判断には、評価基準の規範性を認めた最高裁判決（ 3-10 参照）が影響しているといえよう[115]。

また、上記でいう「蒸し返し」が許容されるのは、固定資産税において納付税額を専ら課税庁が決定する賦課課税方式が採用されていることが関係しているという指摘もある[116]。評価を誤ったのは課税庁の責任であり、納税者がそれに気付いたのにもかかわらず是正を認めないというのでは「あんまりだ」ということではないかと思われるが、妥当な判断であろう。

ただし、過年度の評価誤りに基づく課税処分が国家賠償請求の対象となるかについては、議論の余地があるだろう[117]。評価誤りには過大のみならず過小もあるわけであり、その完全なる是正は莫大なコストを要する。立法による解決を目

---

[115] この点を指摘するものとして、渡辺徹也「既存家屋の評価を争う際に建築当初の評価の誤りを主張することの可否」『ジュリスト』2017年4月臨時増刊号（平成28年度重要判例解説）207頁参照。

[116] 渡辺前掲注115論文207頁。

[117] 渡辺前掲注115論文207頁は、消極的に解している。

指すとするならば、例えば、家屋評価のシンプル化 (取得価額をベースに、所得税・法人税の減価償却方法を適用する) が一つの方法であると考えられる。

4-5 建築当初の評価による登録価格についての審査申出期間・出訴期間の経過後において基準年度の価格を争うことの是非

（東京地裁平成23年12月20日・判時2148号9頁）

4-5-1　事案の概要

　本件は、平成5年7月2日に新築された非木造家屋の所有者である原告が、本件家屋についての平成18年度固定資産税の課税標準として東京都知事が決定して固定資産課税台帳に登録した価格を不服として、東京都固定資産評価審査委員会に対して審査の申出をしたところ、同委員会がこれを棄却する旨の決定をしたため、被告に対し、同決定のうち、原告が相当と考える価格を超える部分の取消を求める事案である。

　東京都知事は、平成18年3月31日、本件家屋についての平成18年度の固定資産税の課税標準価格を251億48万2,500円（平成18年度価格）と決定し、これを固定資産課税台帳に登録した。平成18年度価格は、以下のようにして算出されたものである。

　本件家屋の建築当初の単位当たり再建築費評点数は、平成3年度評価基準によって算出され、その後の基準年度である平成6年度、平成9年度、平成12年度及び平成15年度の単位当たり再建築費評点数は、それぞれの各前基準年度の評点数に非木造家屋に係る各再建築費評点補正率を順次乗じて算出された。

　在来分の非木造家屋の平成18年度の評価替えに当たっては、平成18年度評価基準により平成17年度の単位当たり再建築費評点数に再建築費評点補正率0.95を乗じて単位当たり再建築費評点数を求めるものとされているから、本件家屋については、地下1階及び地下2階部分を鉄骨鉄筋コンクリート造、地上階部分を鉄骨造（骨格材の肉厚が4ミリメートルを超えるもの）に区分し、それぞれの構造別に、平成17年度の単位当たり再建築費評点数に再建築費評点補正率0.95を乗じて再建築費評点数（鉄骨鉄筋コンクリート造については292,000、鉄骨造については300,400）を算出し、さらに、これらにそれぞれ損耗の状況による減点補正率（鉄

骨鉄筋コンクリート造については0.84、鉄骨造については0.7689）を乗じて単位当たり評点数を算出したうえ、これらにそれぞれ現況床面積を乗じて算出した総評点数に、評点1点当たりの価額（いずれも1.10）を乗じて構造ごとの価格を算出し、これらを合算して、平成18年度価格を求めた。

これに対して原告は、平成18年度価格を不服として、平成18年7月28日、東京都固定資産評価審査委員会に対し、地方税法第432条第1項に基づき、審査の申出をした。原告は、この審査の申出の理由として、本件家屋の建築当初の再建築費評点数の算出が、補正係数が不当に高いこと等により不適切である旨を主張した。

4-5-2　争点

① 本件家屋の建築当初の単位当たり再建築費評点数の算出が誤っていることを理由として、平成18年度価格の妥当性を争うことが許されるか否か（争点1）。
② 本件家屋の平成18年度価格は適切であるか否か。具体的には、本件再調査において本件家屋の建築当初の単位当たり再建築費評点数を算出するに当たり、各評点項目の補正項目に対して適用された補正係数は適正であったか否か（争点2）。

4-5-3　裁判所の判断

(1) 争点①について

地方税法が、固定資産税の課税標準である固定資産課税台帳の登録価格について不服があるときは、原則として基準年度の価格について所定の審査申出期間内に固定資産評価審査委員会に対して審査の申出をすべきものとし、第二年度及び第三年度における価格については審査の申出をすることができる場合を限定し、これらの方法及び固定資産評価委員会の決定に対する取消訴訟によらなければ価格を争うことができないこととしているのは、<u>固定資産税の賦課処分の前提問題である課税標準となる固定資産課税台帳の登録価格を早期に確定さ</u>

せることにより、固定資産税に関連する事項についての法的安定性を確保する趣旨であると解される。

　そして、従前より存在する非木造家屋の評価を争う場合においても、建築以降当該係争年度の前年度までの間の当該家屋に係る固定資産税の各賦課処分は、当該家屋の建築当初の評価を前提としてされているのであって、非木造家屋の評価を争う際に、建築当初の評価の誤りを無制限に主張できることとすると、既に確定した固定資産税の各賦課処分の前提問題となった建築当初の評価額についての争いがいつまでも蒸し返されることになり、上記のとおり地方税法が固定資産課税台帳の登録価格を早期に確定させることとした趣旨に反する結果となりかねない。また、建築当初の評価から時間が経過すればするほど、評価の対象となった家屋には経年変化が生じ、修復や増改築等による変更が生じることが当然に予想され、さらには、建築当初の建築関係書類が廃棄または紛失されることがあることも想像に難くないのであって、そうすると、時の経過と共に建築当初の評価に誤りがあったかどうかを的確に判断することは困難になることも当然に予想されるものといわざるを得ない。

　建築当初の評価により固定資産課税台帳に登録された価格についての審査申出期間や出訴期間が経過した後にあっては、建築当初の評価において適切に評価できなかった事情がその後に判明したような場合や、建築当初の評価の誤りが重大で、それを基礎にその後の家屋の評価をすることが適正な時価の算定方法として不合理であると認められるような場合に限っては、建築当初の評価が不合理であることを理由として、その後の基準年度の価格を争うことも認められ、固定資産評価審査委員会や裁判所において、建築当初の評価に重大な誤りがある等と認めた場合には、基準年度の価格に対する不服に理由がある旨の判断をすることができると解するのが相当である。

　このように解したとしても、不服の対象はあくまで当該基準年度の価格であって、固定資産評価審査委員会や裁判所の上記判断の効力が当該基準年度の前年度以前の固定資産税の賦課処分の効力に直接影響を及ぼすわけではないことを考えるならば、前記のとおりの法的安定性を確保するという地方税法の趣旨に反するものとはいえない。

(2) 争点②について

建築当初の部分別評価を個別に検討しても、本件再調査において付設された補正係数はいずれも重大な誤りであるということはできず、他に、本件家屋の建築当初の評価において適切に評価できなかった事情がその後に判明し、または、当該評価の誤りが重大で、それを基礎に本件家屋の平成18年度価格の評価をすることが適正な時価の算定方法として不合理であると認めるに足りる証拠はない。

なお、原告は、原告が所有する他の建物と比較すると、本件家屋の部分別評価に当たって適用された補正係数は高すぎる旨の主張をするが、その比較対象とした建物は、いずれも建築時期や建築場所等が異なるものであって、これらとの比較をもって本件家屋の建築当初の再建築費評点数の算出が誤りであるということはできないというべきである。

そうすると、建築当初の評価の誤りにより本件家屋の平成18年度価格の評価に誤りがあるとは認められず、他に、本件家屋の平成18年度価格が適正な時価であることの推認を妨げるべき事情を認めるに足りる証拠は存在しないから、<u>本件家屋の平成18年度価格は適正な時価であると認められる</u>。

4-5-4 控訴審の判断

本件は原告が控訴し、控訴審(東京高裁平成25年4月16日判決・裁判所ホームページ・TAINS Z999-8330)では裁判所は以下のように判示し、原告の主張が一部認められている。

① 争点①について

<u>控訴人は、本件家屋の建築当初の再建築費評点数の算出が固定資産評価基準に従っておらず、その算出に誤りがある旨主張するところ、この主張は、本件推認</u>(基準年度の再建築費評点数がその前年度における再建築費評点数を基礎として算出される場合、その前年度に至るまでの再建築費評点数の算出は各年度における固定資産評価基準に従ったものとする推認)<u>を覆すに足りる事情が存在する旨の主張であると解される。</u>

本件家屋の建築当初の再建築費評点数の算出が固定資産評価基準に従って

おらず、その算出に誤りがあることの主張立証がされたときは、同算出を正しくやり直し、これに基づいて前年度（平成17年度）の再建築費評点数を算出したうえで、これに平成18年度評価基準が定める再建築費評点補正率を乗じて再建築費評点数を算出し、これに基づいて平成18年度の価格が決定されるべきであり、本件決定のうちその価格を超える部分は違法なものとして取り消すべきことになる。

　確かに、地方税法は、固定資産税の賦課処分の前提問題である課税標準となる固定資産課税台帳の登録価格を早期に確定させることにより、固定資産税に関連する事項についての法的安定性を確保しようとしているものと解される。しかし、上記のように建築当初の再建築費評点数の算出の誤りを主張することができると解したとしても、従前の登録価格及びこれに基づく課税処分は確定していてこれを争うことができないことに変わりはなく、その意味での法的安定性を害することはない。なお、上記のように解すると、納税者は建築当初の評価の誤りをいつまでも主張し得ることにはなるが、ひとたび審査手続や裁判手続を通じて争いが決着すれば、重ねて同様の紛争が繰り返されることは稀であろうし、同様の紛争の蒸し返しとみられる場合には、信義則上の主張制限という対処も考えられるのであり、いずれにせよ、「適正な時価」の決定を優先すべきである。

② **争点②について**

　本件家屋の建築当初の単位当たり再建築費評点数の算出に当たり、根切り工事の評価上、「地盤」により1.50の補正をしたことは、誤りである（増点補正はすべきでない）ところ、弁論の全趣旨によれば、この点の補正をせずに根切り工事の単位当たり評点数を算出すると6,752点となり、その結果、本件家屋の建築当初の単位当たり再建築費評点数は30万9,600点（100点未満切捨て）となることが認められる。

　そして、弁論の全趣旨によれば、上記のとおりの建築当初の単位当たり再建築費評点数を前提として、本件家屋の平成18年度の単位当たり再建築費評点数を算出すると、鉄骨造部分については29万7,100点（100点未満切捨て）、鉄骨鉄筋コンクリート造部分は28万8,800点（100点未満切捨て）となり、これらに基づいて平成18年度における本件家屋の固定資産税の課税標準価格を算定すると、

248億2,490万5,100円となることが認められる。

そうすると、本件決定のうち価格248億2,490万5,100円を超える部分は違法であり、取消を免れないというべきである。

● 本件家屋の価格

納税者の主張額	東京都決定額	一審認定額	二審認定額
178億9,770万9,700円	251億48万2,500円	251億48万2,500円	248億2,490万5,100円

なお、本件は最高裁に上告されている。

4-5-5 当該裁判例の意義

本件は、建築当初の評価により固定資産課税台帳に登録された家屋の価格について、審査申出期間や出訴期間が経過した後であっても、その後の基準年度の価格を争うことが認められるか否かが主たる争点（争点1）となった事案である。

一審では、建築当初において適切に評価できなかった事情がその後判明した場合や、建築当初の誤りが重大で、それを基礎にその後の家屋の評価を行うことが適正な時価の評価方法として不合理であると認められる場合には、建築当初の評価が不合理であるとして、その後の基準年度の価格を争うことが認められるという判断基準が示された。

当該判断基準に基づき、建築当初の評価を裁判所が確認したところ、「本件家屋の建築当初の評価において適切に評価できなかった事情がその後に判明し、又は、当該評価の誤りが重大で、それを基礎に本件家屋の平成18年度価格の評価をすることが適正な時価の算定方法として不合理であると認めるに足りる証拠はない」として、原告の請求を棄却している。

これに対し控訴審では、紛争の「蒸し返し」という問題点を主張する被控訴人（東京都）に対し、東京高裁が「適正な時価」の決定こそ優先されるべきと判示したが、このことは前述 4-4 の判決内容とも通ずるものがあり、特筆に値する。

4-6 家屋に関し固定資産評価基準が定める評価の方法によっては再建築費を適切に算定することができない特別の事情があるとされた事例

（東京高裁平成16年1月22日判決・判時1851号113頁）

4-6-1　事案の概要

　控訴人（納税者）は、平成7年10月30日、建物（茨城県結城市所在、鉄骨造亜鉛メッキ鋼板葺平家建、店舗、床面積1,180.79㎡）を新築し、同年11月に使用を開始した。被控訴人（茨城県）は、平成8年2月9日付けで、本件建物の取得に対し、課税標準額1億857万1,000円、納付すべき税額434万2,800円とする不動産取得税賦課決定（本件処分）をした。本件は、控訴人が、本件建物取得時の適正な時価は、9,573万2,000円を上回ることはない等として、本件処分のうち、課税標準額9,573万2,000円、納付すべき税額382万9,200円を超える部分の取消を求める事案である。

　原判決は、本件処分における課税標準額は本件建物取得時の適正な時価を下回るとして、控訴人の請求を棄却した。これに対し、控訴人が不服を申し立て控訴したものである。

4-6-2　裁判所の判断

＜請求一部認容＞

　不動産取得税の課税標準である不動産取得時の当該不動産の価格は、固定資産税と同様に「適正な時価」とされているところ、これは正常な条件の下に成立する当該不動産の取引価格であると解される。地方税法第73条の21第2項によれば、本件建物のように課税台帳に固定資産の価格が登録されていない不動産については、同法第388条第1項の定める固定資産評価基準によって課税標準となる価格を決定するものとされている。したがって、不動産取得税の課税標準となる適正な時価に関しても、固定資産評価基準に基づく再建築価格方式に

よると解することができ、評価基準に従って決定された不動産の価格が適正な時価を上回るときは、その上回る限度において、当該価格の決定は違法となる。

　適正な時価とは、正常な条件の下に成立する当該不動産の取引価格であり、新築家屋の取得の場合、施主と請負人との間に特殊な関係がなく、正常な価格交渉がされて請負契約が成立する限りにおいて、その請負金額は、適正な時価を反映しているものということができる。すなわち、本件建物のような営業の用に供する家屋の場合、施主は、その家屋における営業によって上げ得る収益によって建築に要する資金を回収すべく、収益還元額以下の金額となることを望み、請負人は、資材費、労務費等のコストを賄った上で利益を上げ得る金額であることを望んで、その価格交渉に臨むのであり、経済社会に存在する競争によって、価格交渉が促進され、適正な取引価格が決定されるのである。

　控訴人と請負人との間で成立した請負契約における本件建物の実際の建築費は、およそ9,397万円程度であると推認される。この金額と、被控訴人が固定資産評価基準に従って決定した金額である1億857万1,000円とは、相当程度の隔たりがある。もっとも、この金額の正確性や請負契約締結の際の特殊な事情の有無については、必ずしも十分な立証があるとはいえず、上記の実際の建築費とされる金額がそのまま本件建物の適正な時価を反映するものということはできない。しかしながら、弁論の全趣旨によれば、控訴人と請負人との間に親子会社や関連会社といった特殊な関係があったこと等は窺われず、上記の隔たりは、本件建物の適正な時価を考慮するに際して、なお看過することができないものといわざるを得ない。

　平成4年から平成7年にかけては、一般的に建築物価水準は、相当程度下落しているということができる。このように建築物価水準が下落傾向にあるときは、賦課期日の2年前の物価水準により算定した工事原価に相当する費用に基づいて算出される標準評点数につき、3年にわたって何らの補正、修正をすることなくこれを用いて評価した場合には、賦課期日における本件建物の再建築費を適切に算定できない可能性がある。

　もとより現実の取引社会において形成される建築価格は、それが正常な条件の下に成立した取引価格であっても、相当程度の幅を有するものである。大量

評価を前提として定められた固定資産評価基準に従って評価した結果が、一般的に適正な時価として認められるのは、こうした正常な取引価格の下限を超えない限りにおいてである。それ故、標準評点数を設定するに当たっても、その基礎となる建築物価の調査において、正常な取引でも幅のある取引価格のうちの安値のものについても調べ、それらが排除されないよう配慮すべきものである。

したがって、<u>上記のような現実の取引社会における建築物価水準の下落は、家屋の適正な時価の判断において、看過することができないものといわざるを得ない</u>。

以上のような状況を勘案すれば、本件建物の評価が、再建築費評点基準表に従って決定されたといい得るとしても、その評価額は、なお本件建物取得時の適正な時価を上回っている可能性があり、<u>本件においては、固定資産評価基準が定める評価の方法によっては適正な時価を適切に算定することができない特別の事情がある</u>というべきである。

● 建物の取得時における適正な時価と不動産取得税額

	課税庁の決定額	納税者の主張額	裁判所の認定額
適正な時価	1億857万1,000円	9,573万2,000円	1億178万4,000円
税　　額	434万2,800円	382万9,200円	407万1,300円

4-6-3　当該裁判例の意義

本判決は不動産取得税に係る事案であるが、その課税標準が固定資産税評価額であることから、その評価に関する判例として固定資産税の実務にも参考になるといえる。

家屋の評価については、一般に、固定資産評価基準による評価には合理性があるが、仮に、当該評価基準が定める方法によっては再建築費を適切に算定することができない「特別の事情」または評価基準が定める減点補正を超える減価を要する「特別の事情」がある場合には、当該評価基準によらない評価方法を採

ることにも合理性があると考えられる(最高裁平成15年7月18日判決・判時1839号96頁、前述 4-3 参照)。

　本件の場合、①建物の実際の建築費が固定資産評価基準に基づく評価額を下回っていること、及び、②平成4年から平成7年にかけて、一般的に建築物価水準は相当程度下落しているということができること、といった理由により、当該評価基準が定める方法によっては再建築費を適切に算定することができない「特別の事情」があるとされた。

　本件は、最高裁が示した、家屋の評価に関し固定資産評価基準によらないで評価することが正当化される「特別の事情」がある具体的なケースを示すものとして、重要な裁判例であるといえよう。

4-7 大型商業施設の固定資産税の課税標準額に関し収益還元方式によるべき特段の事情がないとされた事例

（名古屋地裁平成17年 1 月27日判決・判タ1234号99頁・TAINS Z999-8120）

4-7-1 事案の概要

本件は、原告所有に係る建物（店舗・駐車場・スポーツ施設）について、被告半田市長が平成15年度固定資産税の課税標準となる価格を42億4,795万1,657円と決定し、同価格を固定資産課税台帳に登録したことから、同価格が過大であると主張する原告が、被告に対して審査の申出をした。これに対し、被告が同申出を棄却するとの決定をしたため、原告が、地方税法434条1項に基づき、同決定のうち原告が自認する金額を超える部分の取消を求めた抗告訴訟である。

● 原告提出による本件建物の鑑定評価額

	評価方法	評価額
不動産鑑定士Aの評価額	原価法	59億4,678万1,000円（新築工事費） ×96.8／97.2（時点修正率） ＝59億4,023万4,000円（再調達原価） 59億4,023万4,000円×（1－87.6％※） ＝7億3,673万4,000円 ※　経年減価及び観察減価
不動産鑑定士Aの評価額（鑑定評価額として採用）	収益還元法	1億8,480万円（建物収益価格①） 6億2,680万円（建物賃貸収益価格②） （①×1＋②×2）／（1＋2） ＝4億7,950万円（標準的収益価格）
不動産鑑定士Bの評価額（鑑定評価額として採用）	積算価格	59億4,678万1,000円（新築工事費） ×56.76（経年減価・13年） ＝33億7,569万2,000円 33億7,569万2,000円×（1－79％※） ＝7億890万円 ※　観察減価

不動産鑑定士Bの評価額	収益還元法	6億9,700万円（標準的収入の収益価格①） 3億2,400万円（現況収入の収益価格②） （①×3＋②×1）／（3＋1） ＝6億430万円（標準的収益価格）

4-7-2　争点

① 本件建物の適正な時価を算出するに当たり、収益還元法を適用すべき特段の事情があるか。
② 本件における固定資産評価の基準時及び評点補正率について合理性が認められるか。

4-7-3　裁判所の判断

① **争点①に関し**

　再建築価格方式は、評価の対象となった家屋と全く同一のものを、評価時点にその場所に建築するものとした場合に必要とされる（再）建築費を求めたうえ、当該家屋の時の経過によって生ずる損耗の状況による減価等をして評価時点の現状に適合するよう調整するものであるところ、家屋の評価方法には、このような方法以外に、取得原価を基準として評価する方法、賃料等の収益を基準として評価する方法、売買実例価格を基準として評価する方法等が考えられる。

　しかしながら、これらの評価方法の出発点となる現実の取得原価、実際の賃料、売買実例価格等は、当事者の思惑やその時点における経済力等の主観的事情、個別的事情による影響を受けやすく、偏差の発生を免れ難いという難点が存在するのに対し、再建築価格方式は、その具体的算定方式が比較的簡明であるうえ、家屋の資産としての客観的価格を算出するものとして基本的・普遍的なものと考えられるから、上記のような偏差を生ずることはなく、より客観性を有する評価を可能ならしめると解される。そうすると、家屋の価格の評価方法としての再建築価格方式は、財産税としての性格を有する固定資産税の課税標準の算

出方法に最もふさわしいものであり、かつこのような手法を採用することによって、正常な条件の下における取引価格を基礎とした土地の評価と共通の基盤を見出すことができるというべきである。

　したがって、家屋の価格の評価につき、再建築価格方式を内容とする本件評価基準は、一般的な合理性を有しているというべきであるから、評価基準が定める評価の方法によっては再建築費を適切に算定できない特別の事情または評価基準が定める減点補正を超える減価を要する特別の事情がない限り、評価基準に従って計算した登録価格は適正な時価であると推認すべきである（最高裁平成15年7月18日判決・判時1839号96頁参照）。

　家屋に対する固定資産税は、家屋の資産価値に着目し、その所有という事実に担税力を認めて課する財産税の性格を有するところ、法は、居住用建物と収益を目的とする商業用建物を区別していないのであるから、その評価方法は両者について妥当するものであるべきであるが、居住用建物において標準的収益額を算出することは困難であること、収益還元法は、その具体的利用状況によって甚だしい格差が生じ得る評価方法であるうえ、将来の収益力を正確に予測することは困難であること、標準的収益額によってこれを算出するとしても、どのような使用形態が標準的かについても偏差が入り込む可能性が大きいこと、そのため、評価担当者の主観が入り込みやすく、不公平な課税がなされる危険性があること〔現に、原告提出に係るA鑑定とB鑑定の両鑑定において、収益還元法を適用した結果が大きく異なっている〕、これらを考慮すれば、商業用建物についても本件評価基準に従って評価すべきである。

② 争点②に関し

　地方税法第359条は、固定資産税の賦課期日を当該年度の初日の属する年の1月1日とする旨定めていることから、本件登録価格についての評価基準日（賦課期日）は、平成15年1月1日となる。そして、同法第410条は、市町村長が、毎年3月31日までに固定資産の価格等を決定しなければならないと規定するが、大量に存する固定資産の評価事務を考慮すれば、平成14年中に総務省において再建築費評点基準表が告示される必要があり、また、再建築費評点基準表の作成に当たり、膨大かつ詳細な作業のために相当な期間を要することは容易に

推測できるから、逆算すると、標準評点数の積算は、最短でも基準年度の賦課期日の2年前の物価水準に基づいて行われざるを得ない。これらを考慮すれば、法は、賦課期日から2年前の時点における資料に基づいて再調達原価を算定することを許容しているというべきである。

現実の再建築費は諸々の諸要素によって影響を受けることは否定できないが、正常な条件の下で形成されるであろう標準的な再建築費を算出し、これを基礎として価格を評価する評点方式の偏差は、前記のとおり、他の収益価格を基礎とする方法や取得価格を基礎とする方法に比べて、より小さく、客観性に優れていると考えられるし、再建築費評点補正率は、上記のとおり、全国的な建築原価についての調査によって得られた指数を総合して求められているから、課税庁による恣意的な評価を許容するものとはいえない。

4-7-4　当該裁判例の意義

本件は固定資産税に係る家屋の評価に関し、納税者は、固定資産評価基準に基づく再建築価格方式によるのではなく、収益還元方式を用いるべきとして争ったが、裁判所は収益還元方式によるべき「特段の事情」がないと判示した事例である。裁判所からすると、収益還元方式は、その家屋からもたらされる将来の収益力という不確かな要素を用いて評価するため、評価者の判断に依存する部分が大きく、客観性が担保されないという点に関し信頼性を置けないと認定しているものと思われる。この点は、収益還元方式を巡る古くからある批判であるが、固定資産税が財産税であることを前提にすれば一定の説得力があるといえる。しかし、本件のような事業用物件に関しては、固定資産の課税ベースと収益性とは切り離すことができず、そうなると、裁判所は収益還元方式を採用できるケースをもっと具体的に例示すべきものといえるのではないだろうか。

4-8 固定資産評価基準が定める経年減点補正率が低いことからそれによって評価する合理性がないとされた事例

(仙台地裁平成16年3月31日判決・裁判所ホームページ・TAINS Z999-8101)

4-8-1　事案の概要

　本件は、原告が、その所有する建物（本件建物）の平成12年度固定資産課税台帳登録価格が適正な時価を超えるものであるとして、被告（仙台市長）が平成13年7月24日付けでした登録価格を5億405万4,305円に修正すべきであるとの決定のうち、価格1億7,828万円を超える部分の取消を求めた事案である。

　原告は、平成8年11月7日、前所有者から、本件建物、その敷地である土地及び建物を代金3億5,500万円で買った。本件建物は、昭和49年に建築された鉄筋コンクリート造の店舗である。

　一方仙台市長は、地方税法第403条、第410条及び第411条の規定により、固定資産評価基準（平成12年自治省告示第12号による改正後のもの）及び仙台市固定資産（家屋）事務取扱要領に従い、平成12年2月末日、平成12年度の本件建物の価格を5億6,795万7,407円と決定し、固定資産課税台帳に登録し、地方税法第415条1項の規定により当該台帳を縦覧に供したが、平成12年5月12日、当該価格を修正する必要があったため、地方税法第417条の定めにより、本件建物の価格を5億6,096万1,206円に修正すべきであると決定して固定資産課税台帳に登録し、同日付けで原告に通知した。

4-8-2　争点

① 評価基準の法的拘束力の有無
② 評価基準の一般的合理性の有無
③ 評価基準が定める評価の方法によっては再建築費を適切に算定することができない特別の事情の有無

4-8-3 裁判所の判断

① **争点①について**

　地方税法第349条第1項は、家屋に対して課する基準年度の固定資産税の課税標準を、当該家屋の基準年度に係る賦課期日における価格で家屋課税台帳または家屋補充課税台帳に登録されたものとすると規定し、同項にいう価格について、地方税法第341条第5号は、「適正な時価」と規定している。「適正な時価」とは、正常な条件の下で成立する当該家屋の取引価格、すなわち、客観的な交換価値を意味する（最高裁平成15年6月26日判決・民集57巻6号723頁参照）。

　他方、法は、固定資産の評価の基準並びに評価の実施の方法及び手続を自治大臣（現在は総務大臣）の告示である評価基準に委ね（地法388①）、市町村長は、評価基準によって固定資産の価格を決定しなければならないと規定している（地法403①）。これは、全国一律の統一的な評価基準による評価によって、各市町村の評価の均衡を図り、評価に関与する者の個人差に基づく評価の不均衡を解消することを目的として、適正な時価を算定するための技術的かつ細目的な基準の定めを自治大臣の告示に委任したものであって、<u>賦課期日における適正な時価を上回る価格を算定することまでも委ねたものではない</u>（前記最高裁平成15年6月26日判決参照）。

　したがって、評価基準は法により許容された唯一の基準であり、評価基準に則って算定された価格は適正な時価である旨の被告の主張は、理由がない。

② **争点②及び③について**

　評価基準により算定された本件建物の価格は、毎年の減価率が低く、経過年数（耐用年数）後の残価率が高いため、客観的な交換価値を上回るおそれがあるといわなければならない。C団地（本件建物の所在する地区の団地）は人口の減少と高齢化が仙台市内でも相当進んだ地区であることを考慮すると、そのおそれは更に強くなる。

　評価基準における再調達原価が実際の再建築費よりも低く認定されれば、評価基準による価格が不動産鑑定評価基準による価格を上回る事態を少なくすることができるが、本件におけるように、経過年数が26年となった場合においても、

上回る事態を避けるほどに評価基準における再調達原価が低く把握されているものとまで認めることはできない。

しかも、本件建物の北側基礎杭は、基礎杭が接合部分で折れ曲がった等の理由で基礎杭としての役割を果たしていない状態にあり、それが原因で不同沈下が生じているものであるが、原則として杭の損耗の点を考慮しないという評価基準による評価額は、客観的な取引価格を超えるおそれがある。

これらの事実からすると、被告がした平成12年度における本件建物の評価の方法に一般的な合理性があると認めることはできない。

仮に一般的な合理性は認められるとしても、被告が算出した平成12年度における本件建物の価格には、評価基準が定める減点補正を超える減価を要する特別の事情があるといわなければならない。

4-8-4 当該裁判例の意義

本件も前述 4-6 と同様に、家屋の評価について、固定資産評価基準が定める方法によっては再建築費を適切に算定することができない「特別の事情」または評価基準が定める減点補正を超える減価を要する「特別の事情」がある場合には、当該評価基準によらない評価方法を採ることにも合理性があると考えられるとする最高裁の指針(最高裁平成15年7月18日判決・判時1839号96頁、前述 4-3 参照)が、「特別の事情」とは具体的にどのようなケースをいうのかが争われたものである。

本件で裁判所は、固定資産評価基準が定める経年減点補正率は、人口の減少と高齢化が相当進んだ地区に所在する本件建物に適用する場合、その合理性が疑われ、当該評価基準が定める減点補正を超える減価を要する「特別の事情」があると判示された。実務への示唆に富む判決であると思われる。

第5章

5-1 賃借建物の内部造作の納税義務者は建物の賃借人であるとされた事例

（東京高裁平成19年8月29日判決・TAINS Z999-8173）

5-1-1 事案の概要

　本件は、控訴人が、賃借した家屋（店舗）に物件1（店舗内装造作）を付加または物件2（機械及び装置）を設置し、そのうち物件2（機械及び装置）についてのみ固定資産税の申告をしたところ、処分行政庁から本件物件1及び2について平成17年度分の固定資産税賦課処分及び平成18年度分の固定資産税賦課処分を受けた。そのため、店舗に付加・設置した内装等のうち、物件1（店舗内装造作）は当該家屋に付合しており、控訴人は本件物件1の所有者ではないから、固定資産税を課されるものではない旨主張して、被控訴人に対し、本件各処分のうち本件物件1に係る部分の取消を求めた事案である。

　原審（東京地裁平成19年3月23日判決・TAINS Z999-8182）は、本件各処分はいずれも適法であるとして、控訴人の請求をいずれも棄却したところ、控訴人が請求の認容を求めて控訴した。

5-1-2 裁判所の判断

＜控訴棄却＞

　地方税法は、固定資産税は固定資産に対し当該固定資産所在の市町村において課することとし（地法342①）、固定資産とは、土地、家屋及び償却資産を総称するものとし（地法341①）、償却資産とは、無形減価償却資産を除く土地及び家屋以外の事業の用に供することができる資産でその減価償却額または減価償却費が法人税または所得税法の規定による所得の計算上損金または必要な経費に算入されるもののうちその取得価額が少額である資産その他の政令で定める資産以外のもの（ただし、自動車税の課税客体である自動車並びに軽自動車税の課税客体であ

る原動機付自転車、軽自動車、小型特殊自動車及び二輪の小型自動車を除く）をいうものと規定している（地法341四）。

　また、地方税法は、固定資産税は賦課期日である当該年度の初日の属する年の1月1日現在における固定資産の所有者に課することとし（地法343①、359）、所有者とは償却資産については償却資産課税台帳に所有者として登録されている者をいう旨規定しているところ（地法343③）、この償却資産課税台帳に登録されている所有者とは、賦課期日現在における当該償却資産の所有者と認定された者であると解するのが相当である。

　民法第242条は、「不動産の所有者は、その不動産に従として付合した物の所有権を取得する。ただし、権原によってその物を附属させた他人の権利を妨げない」と規定しており、原則として、不動産の所有者が当該不動産に付合した動産の所有権を取得するものの、当該動産が権原によって附属させられたものであるときは、不動産所有者の所有に帰属することなく、附属させた者の所有にとどまる旨規定している。この同条ただし書は、付合した物がなおその不動産とは別個の独立した物として存在する場合に適用されるものであって、付合した物が不動産の一部と認められて全く独立の存在を失った場合には適用されないものと解すべきところ〔最高裁昭和39年9月8日判決・裁判集民事75号181頁参照〕、この独立性の有無は、取引通念に従い、社会経済的観点から決するのが相当である。

　本件物件1の所有権は、本件家屋の所有者ではなく、本件物件1を将来撤去する前提で本件家屋に付合させた原告に留保されているものと解するのが相当である。

　また、地方税法第343条第1項が、賦課期日における償却資産の所有者に当該償却資産の固定資産税を課することとしたのは、同人が償却資産を所有して利用しているという事実に担税力を認めたことによるものと解されるところ、本件物件1は店舗内装造作であるから、そのような立法の趣旨からみても、本件物件1に係る固定資産税を負担すべき者は、本件家屋の所有者ではなく、本件店舗用内装造作を使用して製造販売業を営んでいる原告であると解するのが相当である。

5-1-3 当該裁判例の意義

　本件は、製造販売業を営む納税者が、賃借した家屋（店舗）に店舗内装造作を付加し機械及び装置を設置して事業を行っていたが、そのうち機械及び装置についてのみ固定資産税の申告をしたところ、課税庁（東京都）から店舗内装造作についても固定資産税賦課処分を受けたため、提訴した事案である。

　固定資産税（償却資産税）は一般に、その所有者が納税義務者となる（所有者課税主義、地法343①）。建物の附帯設備は、構造上建物と一体をなしている場合は、建物の一部として扱うのが原則である[118]。

　しかし、上記所有者課税主義の例外として、家屋の附帯設備であって、当該家屋の所有者以外の者がその事業の用に供するため取り付けたものであり、かつ、当該家屋の附合（民法242）したことにより当該家屋の所有者が所有することとなったもの（特定附帯設備）については、当該取り付けた者の事業の用に供することができる資産である場合に限り、当該取り付けた者を所有者とみなし、その者に特定附帯設備のうち家屋に属する部分を償却資産とみなして、固定資産税を課する制度がある（地法343⑨）。

　本件は、店舗内部造作の所有権が家屋の所有者に移転したのではなく、家屋の賃借者である原告・控訴人に留保されていると認定されたもので、上記「特定附帯設備」のケースとは異なる。しかし、内部造作を取り付けた者に対し固定資産税（償却資産税）を課すという点では、趣旨は同じであると考えられる。

---

[118] 金子前掲注1書702頁参照。

5-2 償却資産の半年分償却の合理性

（福岡高裁昭和58年3月23日判決・シュト254号29頁・TAINS Z999-8265）

5-2-1 事案の概要

　原告は、福岡市南区においてスナックを営む者であるが、右営業のため、機械及び装置並びに工具器具及び備品の償却資産を昭和55年中に取得した。

　原告は、昭和56年5月16日、福岡市南区長に対し、本件償却資産について、地方税法第383条に基づく固定資産税の申告をした。

　これに対し、南区長は、同年5月28日ころ、地方税法第417条第1項により、原告の所有する本件償却資産の価格等を合計603万5,809円と決定して課税台帳に登録し、その旨原告に対して通知した。そこで、原告は、被告に対し、同年6月1日付で右決定につき審査の申出をしたところ、被告は、本件決定をした。

　それに対し原告は、本件決定は違法または違憲であるとして、その取消しを求めて提訴したものである。

　一審（福岡地裁昭和57年3月30日判決・シュト254号17頁・TAINS Z999-8199）は、償却資産についての固定資産税は、その価値の総和を担税力の根拠とするものであるから、課税標準たる価格として捕捉すべき当該償却資産の価格の総和は、可及的に耐用年数の期間に保有する価値の総和に近似するものであることが望ましいことはいうまでもないとし、固定資産評価基準に定められた償却資産の価格の算定方式は、簡易なものであって、かつ、固定資産税課税の根拠に極めてよく合致したものであるということができるから、違法・違憲とはいえないとされた。

5-2-2 裁判所の判断

＜控訴棄却＞

　控訴人は固定資産評価基準が法的拘束力を有するとしても、控訴人主張の月

割償却が固定資産評価基準の採っている半年分償却（当該償却資産の取得価額から当該償却資産の取得価額にα／2を乗じて得た額を控除して前年中に取得された償却資産を評価する方式、αは減価償却率）より、より合理的であるから、これを排除する趣旨に解すべきではない旨主張する。

　しかし、<u>控訴人主張のような月割償却をもって償却資産の評価をなした場合は、同一価格の同種の償却資産でありながら当該年度の何月に購入したかにより償却資産課税台帳に登録される価格を異にし、当該償却資産の耐用年数の期間における税額に多寡を生じるが、半年分償却の場合は当該年度の何月に購入したかにより登録される価格に差異は生せず、課税額も同一となることは明らかである。のみならず月割償却によって償却資産の評価を行うことになれば、年度の早い月に償却資産を購入した者が、税額が少なくて済むのであるから、償却資産の購入者はいきおい償却資産の申告において、取得時期を遡らせて申告する弊害を生じかねず、評価事務の面においても取得時期の真偽の審査を密にしなければならず、評価事務が煩雑になることも否定できない。以上のとおり、固定資産評価基準の半年分償却は固定資産税の性格に適合し、納税者に公平であり、評価事務が簡便であるというべきである。</u>ただ「償却資産に対して課する固定資産税の課税標準は、賦課期日における当該償却資産の価格で」との前叙の規定から、月割償却が半年分償却より賦課期日における当該償却資産の時価に即すると考えられる面もないではないが、もともと賦課期日における当該償却資産の損耗度はその使用の多寡により一様ではないのであるから、前叙の固定資産税の性格や納税者の公平の観点から前年中に取得された償却資産の賦課期日の評価として画一的に当該償却資産の取得価額から当該償却資産の取得価額に償却率の2分の1を乗じて得た額を控除したものとする固定資産評価基準は、合理性を有するものであり、右法条の趣旨に反するものと断ずべきではない。

5-2-3　当該裁判例の意義

　期中に取得した償却資産の評価額の計算方法として、固定資産評価基準はいわゆる「半年償却法」を採用しているが、そうではなく法人税等と同様の月割償

却法を適用することが可能か争われた事例で、裁判所は半年償却法に合理性があると判示している。

しかし、裁判所の「のみならず、月割償却によって償却資産の評価を行うことになれば、年度の早い月に償却資産を購入した者が、税額が少なくて済むのであるから、償却資産の購入者はいきおい償却資産の申告において、取得時期を遡らせて申告する弊害を生じかねず、評価事務の面においても取得時期の真偽の審査を密にしなければならず、評価事務が煩雑になることも否定できない」という判示には疑問がある。

確かに、半年分償却と比較した場合、月割償却のほうが、納税者が取得時期を遡らせて申告するインセンティブがあるが、償却資産の正確な評価額を求めるという観点からは、取得時期に基づく月割計算のほうが望ましいといえる。また、あるテキスト[119]には、半年償却法を採用する理由として、「すべての資産について取得の月ごとに減価償却額の計算を行うとなれば実務上もきわめて煩雑となることから」という解説があるが、月割計算は計算方法そのものはさして難しいものではなく(実際、法人税や所得税実務では当たり前のように行われている)、「実務上もきわめて煩雑となる」という説明は、コンピュータにより償却費計算を行う現代においては、根拠が乏しいといわざるを得ないだろう。

なお、別の論点として、固定資産税(償却資産税)の評価方法として、一般の償却資産は定率法(旧定率法)のみ適用されることとなっているが[120]、法人税等との比較でその妥当性についても今後議論する余地はあるだろう。

---

119 固定資産税務研究会編『平成28年版償却資産評価実務ハンドブック』((一財)地方税務協会・平成28年) 40頁参照。

120 その理由について固定資産税務研究会前掲注119書41-42頁では、償却資産を取得した当初は資産そのものの効率が高く、収益もかなり上がるから、定率法(旧定率法)を適用することにより当初においてより多く償却を行うこととするのが適当であるといった理由を挙げている。

第6章

6-1 市役所による過年度の誤った冷凍倉庫に係る固定資産税の賦課決定が5年を超えてなされないことに異議を唱えた納税者の主張が認められた国賠事例

(最高裁平成22年6月3日判決・民集64巻4号1010頁)

6-1-1 事案の概要

　本件は、名古屋市内に倉庫を所有し、その固定資産税等を納付してきた上告人が、昭和62年度から平成13年度までの各賦課決定の前提となる価格の決定には本件倉庫の評価を誤った違法があり、そのような評価の誤りについて過失が認められると主張して、所定の不服申立手続を経ることなく、被上告人(名古屋市)を相手に、国家賠償法第1条第1項に基づき、上記各年度に係る固定資産税等の過納金及び弁護士費用相当額の損害賠償等を求めた事案である。

　平成18年度に至るまで、本件倉庫は、一般用の倉庫に該当することを前提にして評価され、昭和62年度から平成13年度までのその価格並びに固定資産税及び都市計画税の税額は、以下の表における「実際の評価額及び税額」欄記載のとおり決定された。上告人は、本件各決定に従って固定資産税等を納付してきた。

● 実際の評価額及び税額

年　度	実際の評価額	税　額 (固定資産税及び都市計画税：1.7%)
昭和62年度	160,172,645円	2,722,900円
昭和63年度	160,172,645円	2,722,900円
平成元年度	160,172,645円	2,722,900円
平成2年度	160,172,645円	2,722,900円
平成3年度	160,172,645円	2,722,900円
平成4年度	160,172,645円	2,722,900円

平成 5 年度	160,172,645円	2,722,900円
平成 6 年度	155,367,465円	2,641,200円
平成 7 年度	155,367,465円	2,641,200円
平成 8 年度	155,367,465円	2,641,200円
平成 9 年度	139,569,114円	2,372,600円
平成10年度	139,569,114円	2,372,600円
平成11年度	139,569,114円	2,372,600円
平成12年度	118,470,305円	2,013,900円
平成13年度	118,470,305円	2,013,900円
合　　計	－	38,129,500円

　しかし、名古屋市長から固定資産税等の賦課徴収に関し権限の委任を受けていた名古屋市港区長は、平成18年5月26日付けで、上告人に対し、本件倉庫が一般用の倉庫と比較して著しい腐食性を有する液体または気体の影響を受ける「冷凍倉庫等[121]」に該当するとして、平成14年度から同18年度までの登録価格を修正した旨を通知したうえ、上記各年度に係る本件倉庫の固定資産税等の減額更正をした。その後、上告人は、平成14年度から同17年度までの固定資産税等につき、納付済み税額と上記更正後税額との差額として389万9,000円が還付された。

　上告人は、本件訴えの提起に至るまで、本件倉庫の登録価格に関し、固定資産評価審査委員会に対する審査の申出を行ったことはない。

　一審の名古屋地裁は、各課税処分等が適法に取り消されない限り、原告が、本件処分等の違法を理由とし、過納金相当額を損害とする国家賠償法に基づく損害賠償を請求することは許容されないことになるとして、原告の請求を認めなかった（名古屋地裁平成20年7月9日判決・民集64巻4号1055頁・TAINS Z999-8223）。

---

[121] そのため、冷凍倉庫等のほうが一般用の倉庫等よりも固定資産税の評価額が低くなる。

二審の名古屋高裁も、本件各課税処分等について被控訴人に国家賠償法上の過失があったことを認めるに足りる証拠はないとして、控訴人の請求を棄却している(名古屋高裁平成21年3月13日判決・民集64巻4号1097頁・TAINS Z999-8224)。

6-1-2 裁判所の判断

<破棄差戻し>

　国家賠償法第1条第1項は、「国又は公共団体の公権力の行使に当る公務員が、その職務を行うについて、故意又は過失によって違法に他人に損害を加えたときは、国又は公共団体が、これを賠償する責に任ずる」と定めており、地方公共団体の公権力の行使に当たる公務員が、個別の国民に対して負担する職務上の法的義務に違背して当該国民に損害を加えたときは、当該地方公共団体がこれを賠償する責任を負う。前記のとおり、地方税法は、固定資産評価審査委員会に審査を申し出ることができる事項について不服がある固定資産税等の納税者は、同委員会に対する審査の申出及びその決定に対する取消の訴えによってのみ争うことができる旨を規定するが、同規定は、固定資産課税台帳に登録された価格自体の修正を求める手続に関するものであって(地法435①参照)、<u>当該価格の決定が公務員の職務上の法的義務に違背してされた場合における国家賠償責任を否定する根拠となるものではない</u>。

　原審は、国家賠償法に基づいて固定資産税等の過納金相当額に係る損害賠償請求を許容することは課税処分の公定力を実質的に否定することになり妥当ではないともいうが、行政処分が違法であることを理由として国家賠償請求をするについては、あらかじめ当該行政処分について取消しまたは無効確認の判決を得なければならないものではない(最高裁昭和36年4月21日判決・民集15巻4号850頁参照)。このことは、当該行政処分が金銭を納付させることを直接の目的としており、その違法を理由とする国家賠償請求を認容したとすれば、結果的に当該行政処分を取り消した場合と同様の経済的効果が得られるという場合であっても異ならないというべきである。

　そして、他に、違法な固定資産の価格の決定等によって損害を受けた納税者

が国家賠償請求を行うことを否定する根拠となる規定等は見出し難い。

したがって、たとい固定資産の価格の決定及びこれに基づく固定資産税等の賦課決定に無効事由が認められない場合であっても、公務員が納税者に対する職務上の法的義務に違背して当該固定資産の価格ないし固定資産税等の税額を過大に決定したときは、これによって損害を被った当該納税者は、地方税法第432条第1項本文に基づく審査の申出及び同法第434条第1項に基づく取消訴訟等の手続を経るまでもなく、国家賠償請求を行い得るものと解すべきである。

6-1-3 当該裁判例の意義

課税処分のように取消訴訟が法定されている場合、その法定ルートをたどって処分の違法を確定させておくべきか否か（たどらなくとも国賠請求を認めるか）については争いがあり、一審・二審はこれを否定したが、最高裁はこれを肯定した（国賠肯定説[122]）。すなわち、「行政処分が違法であることを理由として国家賠償請求をするについては、あらかじめ当該行政処分について取消し又は無効確認の判決を得なければならないものではない」とする最高裁判決を根拠に、肯定説を採ったと考えられる。

その背景としては、課税誤りが行政側の単純なミス（重過失）に起因していること、固定資産税は賦課課税制度であるため、申告納税制度の税目と比較して納税者がミスに気付きにくいことがあるものと考えられる[123]。そうなると、国賠肯定説が申告納税制度の税目（所得税や法人税等）まで広がるかどうかが注目されるところであるが、本判決だけでは判断し難いところである。しかし、申告納税制度の建前（申告内容は納税者自身が熟知しており、その誤りも自ら気付くはず）から判断するに、筆者としては否定的（本判決の射程外と解する）である。

---

122 浅妻章如「不服申立てを経ずに国家賠償請求を提訴することの可否」『最新基本判例70』（日本税務研究センター・2014年) 286−287頁。

123 浅妻前掲注122論文287頁。

6-2 区分所有建物の固定資産税評価額の算定に関し、事務所部分と住居部分とに区分して異なる経年減点補正率を適用した行為は国家賠償法上違法であるとして、被告の賠償責任が認められた事例

（札幌地裁 平成28年1月28日判決・判自416号30頁・TAINS Z999-8362）

6-2-1 事案の概要

　本件は、33の専有部分から構成された一棟の区分所有建物（いわゆるマンション）のうち、1階の事務所用物件部分を所有する原告が、札幌市長により決定され固定資産課税台帳に登録された平成24年度の本件区分所有建物の価格は地方税法に反して違法であった等と主張して、原告による審査の申出を棄却する旨の決定の取消を求めるとともに、国家賠償法第1条第1項に基づき、被告札幌市に対しては平成24年度固定資産税賦課決定・都市計画税賦課決定による過大納付額等の支払を、また被告北海道に対しては平成23年度不動産取得税賦課決定による過大納付額等の支払を求めた事案である。

6-2-2 前提事実

① 原告は、不動産の賃貸等を目的とする有限会社であり、札幌市内の都市計画区域の市街化区域内に所在する建物（以下「本件区分所有建物」）のうち、事務所部分を所有している。

② 本件区分所有建物は、昭和58年に築造された、鉄骨鉄筋コンクリート・鉄筋コンクリート造陸屋根10階建のマンションであり、1個の事務所部分と32個の住居部分の計33個の専有部分と、その他、廊下、階段室等の共用部分から構成されており、上記各専有部分が区分所有権の目的となる建物である。上記共用部分は、構造上、区分所有者全員に供される部分と本件住居部分の区分所有者のみに供される部分に分かれている。

③ 本件事務所部分は、昭和59年度から平成23年度までの期間、訴外A健康保険組合が所有し、かつ使用していた。同組合に対しては、地方税法第348条第4項により固定資産税を課すことができないため、本件事務所部分は、

上記の期間につき固定資産税が非課税とされていた。その後、平成23年3月16日、訴外株式会社Bが同組合から本件事務所部分の所有権を取得し、同月28日、原告が同社から同部分及びその敷地の共有持分を1,500万円で買い受け、所有者となった。

④ 札幌市長は、平成24年度における本件区分所有建物の価格について、以下のとおり決定し、これを固定資産課税台帳に登録した。また、平成24年度の原告に係る固定資産税額及び都市計画税額を以下のとおりとする賦課決定をした。

● 固定資産課税台帳登録価格（事務所部分）と税額

	固定資産課税台帳登録価格
家　屋	3,265万7,400円
土　地	246万9,246円（493万8,492円）
合　計	3,512万6,646円（3,759万5,892円）
上記に対する固定資産税額	49万1,700円（税率1.4%）
上記に対する都市計画税額	11万2,700円（税率0.3%）

（注）土地及び合計のカッコ内は都市計画税の課税標準額

⑤ 他方、札幌道税事務所長は、地方税法第73の21第2項に基づき、札幌市から回答があった上記額をもって、本件事務所部分の不動産取得税に係る課税標準額と決定したうえで、同額を基準として税額を143万8,800円とする不動産取得税賦課処分を行い、平成23年7月7日付け納税通知書兼領収証書により同内容を原告に通知した。

⑥ 原告は、平成24年4月16日、本件登録価格の決定を不服として、札幌市固定資産評価審査委員会に対し、地方税法第432条第1項に基づく審査の申出を行ったところ、同委員会は、同年12月6日、上記申出を棄却すると決定した。原告は、当該棄却決定を受け、同25年4月19日、札幌地裁に同決定の取消訴訟を提起した。

6-2-3　争点

① 本件棄却決定の適法性（争点 1 ）
② 本件各賦課決定の国家賠償法上の違法性及び被告らの過失の有無（争点 2 ）。

6-2-4　裁判所の判断

① 本件棄却決定の適法性（争点 1 ）

　土地、家屋等に対して固定資産税を課す場合の基準となる課税標準は、原則として賦課期日における当該固定資産の価格で固定資産課税台帳に登録された価格であり（地法349①）、ここにいう「価格」とは、客観的な交換価値としての適正な時価をいう（地法341五）。

　もっとも、固定資産のうち、区分所有建物に対して課す固定資産税について、地方税法は、文理上、当該区分所有建物に関する固定資産税額、すなわち、当該区分所有建物を一棟の建物として評価して算出された固定資産税額を算定したうえで、当該固定資産税額を原則として各区分所有者の共有部分の持分割合（各専有部分の床面積の割合）で各区分所有者に按分することによって区分所有者ごとの固定資産税を算定する旨を定めている（地法352①、建物区分所有法14①〜③）。

　地方税法第352条第 1 項の規定の趣旨は、区分所有権は、区分所有建物の共有部分の持分と不可分であり（建物区分所有法11、14参照）、その専有部分も各個別の事情を有すること等から、個別に区分所有権を評価することは著しく困難であり、また、区分所有建物に対する固定資産税額の全体について各区分所有者が連帯して納税義務を負うことは当該区分所有建物の実態にそぐわないことから、共有物等に課する地方税等については共有者が連帯納税義務を負うと定める地方税法第10条の 2 第 1 項の適用を排除して、各区分所有者が個別の納税義務を負うこととし、各区分所有者は、区分所有建物一棟の固定資産税額を一定の割合で按分した額をその固定資産税として納付する義務を負うこととしたものである。そして、実質的にみれば、各区分所有者が負担すべき税額は本来、

その専有部分に係る税額と共有部分に係る税額のうちその持分に応ずる額との合算であるものの、実際上は、全員の共有となる区分所有建物の主体構造部分が区分所有建物の価格の大部分を占めていることから、共有部分の持分割合が、各区分所有者の負担すべき税額の割合を最もよく示すものとして、上記区分所有建物の固定資産税額の按分割合とされたと解される。このことからすれば、上記規定は、<u>区分所有建物一棟の価格について予め用途等により区分して評価することを予定しておらず、当該区分所有建物一棟を基本単位として一括評価すべきであることを定めたものというべきである</u>。

そうすると、区分所有建物に専有部分を有する者の固定資産税額については、上記の地方税法第352条第1項の規定の文理及び趣旨から、当該区分所有建物一棟を基本単位とした再建築費評点数に、<u>単一の経年減点補正率を乗じて一棟の建物全体を一括評価して固定資産税額を算出し</u>、これを同項所定の割合(共有部分の持分割合等)によって按分した額とすべきである。

区分所有建物の大部分の価格を占める区分所有建物の主体構造部分が、<u>用途によって異なる経年劣化をするとは通常想定できない</u>ことから、一棟の区分所有建物に対して異なる経年減点補正率を適用して当該部分ごとに固定資産の評価をする被告札幌市主張の計算方法は、区分所有建物の上記主体構造部分の価格を適正に評価しているとはいえず、地方税法第352条第1項の趣旨に反する。

② **本件各賦課決定の国家賠償法上の違法性及び被告らの過失の有無(争点2)**

国家賠償法第1条第1項における違法とは、国または公共団体の公権力の行使に当たる公務員が個別の国民に対して負担する職務上の法的義務に違背することをいい(最高裁判所平成17年9月14日判決・民集59巻7号2087頁)、仮に、公務員の行為が法令の解釈・適用を誤ったものであったとしても、そのことから直ちに同項にいう違法があったと評価されることにはならず、公務員が職務上通常尽くすべき注意義務を尽くすことなく漫然と当該行為をしたと認められるような事情がある場合に限り、上記の評価がされることになるものと解するのが相当である(最高裁判所平成19年11月1日第一判決・民集61巻8号2733頁参照)。

そして、ある事項に関する法律解釈について、複数の解釈が考えられ、その

いずれについても相当の根拠が認められる場合において、公務員がそのうちの一つの解釈に基づいて行為をしたときは、後に当該解釈が違法と判断されたとしても、直ちに国家賠償法1条1項にいう違法があったものとすることは相当ではない（最高裁判所昭和46年6月24日判決・民集25巻4号574頁、最高裁判所平成3年7月9日判決・民集45巻6号1049頁、最高裁判所平成16年1月15日判決・民集58巻1号226頁参照）。

札幌市の担当職員の注意義務違反の有無について検討すると、地方公共団体における課税実務において参考とされている固定資産税務研究会編集『固定資産税実務提要』には、複数の用途に供されている一棟の家屋の評価については、原則として主たる用途に応じた経年減点補正率を適用すべきとしつつも、家屋の評価及び課税の均衡上の問題があると市町村長が認める場合には、例外的に、用途、構造の異なる部分ごとに異なる経年減点補正率を適用することができる旨記載されており、被告札幌市においては、その主張する評価及び税額の算定方法が採用され、長年にわたって実務の運用が行われてきた。

また、被告札幌市以外の政令指定都市のうち、新潟市、さいたま市、千葉市、川崎市、静岡市、名古屋市、堺市、広島市及び福岡市においては、区分所有建物全体における主たる用途に応じた単一の経年減点補正率を適用しているのに対し、横浜市、相模原市、浜松市、大阪市、北九州市及び熊本市の各市においては、専有部分ごとに当該専有部分の構造・用途に応じた経年減点補正率を適用する被告札幌市と同様の運用を行っており、実務上の運用が区々に分かれていることが認められ、上記運用について、所管行政庁である自治省ないし総務省等から違法であるとの指摘を受けたり、裁判上違法であるとの判断が示されたりしたことを窺わせる事情は認められない。

しかし、地方税法第352条第1項の文言上、被告ら主張の算定方法が採り得ないことは明らかであることに加え、同算定方法は区分所有建物の適正な評価という点においても合理性を有するものとはいえないことに鑑みれば、被告札幌市の主張する上記算定方法を採用することについて相当の根拠があったとはいえない。

そうすると、本件において、被告札幌市の担当職員が、長年にわたる実務上

の運用に基づき従前と同様の処分を行ったものである等の事情が存在するとしても、そのような実務上の運用について相当の根拠があったとは認められず、本件賦課決定を行うに際し、上記担当職員には国家賠償法上の注意義務違反があったものと認められる。

③ **不動産取得税の賦課決定処分について**(争点2)

不動産取得税は、不動産を取得した時点における当該不動産の価格を課税標準として課せられる都道府県税であり(地法73の2)、不動産評価の統一及び評価事務の簡素化の趣旨から、固定資産課税台帳に価格が登録されている不動産については原則としてその価格により不動産取得税の課税標準を決定し(地法73の21①本文)、他方、固定資産課税台帳に価格が登録されていない場合または特別の事情があるために固定資産課税台帳価格により難い不動産については、都道府県知事が固定資産評価基準によって自ら課税標準を決定することとされている(地法73の21②)。

そして、法は、区分所有建物の専有部分を取得した者に課する不動産取得税については、「当該専有部分の属する一むねの建物」の価格に地方税法第352条第1項と同様の按分割合を乗じて算定する旨の明文の規定を置いており(地法73の2④)、本件事務所を取得した原告に対して課す不動産取得税を算出する場合においては、文理上、本件建物一棟全体の価格に道税条例所定の税率を乗じて算出した税額を本件補正割合に応じて按分する方法によるべきであることは明らかである。

そうすると、本件は、固定資産課税台帳に価格が登録されていない場合に当たるから、被告北海道としては、自らが第一次的な責任をもって単一の経年減点補正率を適用して算出された本件建物一棟全体の価格を課税標準として決定し、これに道税条例所定の税率を乗じて不動産取得税額を算定すべきであったにもかかわらず、被告札幌市から本件事務所部分についての固定資産課税台帳に登録する価格の回答を受け、同価格に基づき不動産取得税額を算定したことが認められる。しかし、このような算定方法は地方税法第73条の2第4項の要求する算定方法に明らかに反するものであり、被告北海道が採用した算定方法が同項の解釈として相当な根拠を有することを窺わせる事情は存在しないから、

結局、被告北海道の担当職員が本件不動産取得税の賦課決定を行うに際しては国家賠償法上の注意義務違反があったものと認められる。

6-2-5　当該裁判例の意義

① 市町村の行う固定資産の評価の妥当性

　本件は、賦課課税制度である固定資産税の性格上、納税者のみならず多くの実務家にとってブラックボックスであった、市町村の行う固定資産の評価の妥当性が正面から問われた事案である。具体的に本件で問題となったのは、複数の用途に供されている区分所有建物に関する固定資産税の評価において、その用途ごとに経年減点補正率を適用することの是非である。すなわち、地方税法第352条第1項の文理解釈として、複数の用途に供されている区分所有建物に関して、その用途ごとに区分し、評価して賦課決定を行った札幌市の判断が妥当であったかが問われた事案である。裁判所は、同条の規定は、複数の用途に供されている区分所有建物についても区分して評価することは予定しておらず、一棟を基本単位として一括評価するものであると解している。そのため、札幌市の計算方法である、住居部分と事務所部分とを別々に評価する方法を違法として、以下のとおり再計算をし、札幌市固定資産評価審査委員会の棄却決定を取り消している。

● 裁判所により取り消された固定資産税登録価格（平成24年度）

	固定資産課税台帳登録価格[124]	裁判所による算定価格
全体の再建築費評点数	2億4,463万2,000点	
住居部分	1億302万1,600円	1億281万100円 （0.4719）
事務所部分	3,265万7,400円	2,417万5,900円 （0.4719）
合　計	1億3,567万9,000円	1億2,698万6,000円

（注 1 ）裁判所による算定価格におけるカッコ内は、固定資産評価基準の別表第13「非木造家屋経年減点補正率基準表」に基づく経年減点補正率で、いずれも「住宅・アパート用建物」のものを使用している。
（注 2 ）評点 1 点当たりの価額は1.10円である。

② 用途区分別の経年減点補正率適用の是非

　複数の用途に供されている家屋に係る固定資産税の評価に関し、仮に用途区分をする合理性があるとすれば、各用途による経年劣化の違いを評価に反映させる必要性が挙げられる。すなわち、例えば本件のような区分所有建物において、仮に住居と事務所とで経年劣化に顕著な違いが表れるのであれば、用途区分を行い、再建築価格方式に基づき再建築費評点数にそれぞれ異なる経年減点補正率を適用するのが妥当ということになるだろう。しかしながら、これについて裁判所は、「区分所有建物の大部分の価格を占める区分所有建物の主体構造部分が、用途によって異なる経年劣化をするとは通常想定できない」と明確に否定している。例えば、単身者用のワンルームマンションとして建築された集合住宅に関し、その一部を税理士事務所として使用させた場合において、当該事務所部分のみ（専有・共用部分共に）異なる経年劣化をするという理屈付けには、残念ながら無理があり、裁判所の判断が妥当ということになるだろう。

---

[124] 固定資産課税台帳登録価格における経年減点補正率を推計すると、住居部分は約0.4728、事務所部分は約0.6374となり、固定資産評価基準の別表第13「非木造家屋経年減点補正率基準表」に基づく経年減点補正率（住居部分は0.4719、事務所部分は0.6431）とやや乖離しているが、その理由は不明である。

また、固定資産評価基準においては、事務所と住宅とでは経年減点補正率がかなり異なり[125]、例えば同基準別表第13の「非木造家屋経年減点補正率基準表」によれば、事務所のほうが住宅より20〜30％程度高い。そのため、区分所有建物に関しては、事務所利用部分については事務所として評価したほうが評価額が高くなり、納付すべき固定資産税額も多くなる。そのため課税庁は、区分所有建物のなかに事務所があれば、専ら税収確保のため、あえてその部分を切り離して経年減点補正率を適用するという判断をする傾向にあると考えられる。しかし、基本的にオフィスビルに対して適用されると考えられる「事務所に係る経年減点補正率」を、住宅として建築された集合住宅でその一部が事務所に転用されているような物件に対してまで適用するというのは、やはり問題であるといわざるを得ないため、本件に関する裁判所の判断は妥当であると考えられる。

　さらに、本件でも問題となったように、市町村により評価された固定資産の価格は他の公租公課、すなわち国民健康保険税または国民健康保険料の資産割、不動産取得税、登録免許税、倍率地域に存する土地の相続税財産評価額にも影響を及ぼす[126]。すなわち、市町村の（過失）行為により、都道府県（不動産取得税の場合）や国（登録免許税及び相続税[127]）が国家賠償責任を負うリスクがあるということも指摘しておきたい。

③　住居部分と事務所部分との負担の公平

　なお、札幌市は、用途区分ごとに別の経年減点補正率を適用しないと、本来事務所部分の区分所有者が負担すべき固定資産税の一部を住居部分の区分所有者が負担することなり不合理である旨主張していた。しかし、裁判所は、「単純に共有部分の持分割合のみによって按分するときに負担の均衡を失するような

---

[125] 経年減点補正率等について、その根拠資料が開示されておらず不透明で難解な評価方法であると批判するものとして、山田二郎「財産評価を巡る救済手続」小川英明他編『租税訴訟（改訂版）』（青林書院・2009年）497頁参照。

[126] 碓井光明「違法な課税処分による納付税額の回復方法」金子宏編『租税法の発展』（有斐閣・2010年）555－556頁参照。

[127] 誤った固定資産税評価額により相続税の過納付が生じた事案に関し、国ではなく当該評価を行った鎌倉市長への国家賠償請求が認容されたものとして、最高裁平成21年10月2日決定・TAINS Z888-1470がある。

場合には、規則15条の3所定の方法により上記割合を補正することができる旨定めており、区分所有者間の税負担の衡平について、法はこれに配慮した規定及び制度を設けているのである」としてこれをしりぞけている。

　地方税法施行規則の当該規定は、家屋の区分所有者全員が協議して定めた補正の方法を、市町村長に申し出て承認された場合に適用されるものであり、市町村が区分所有者の同意を得ずに勝手に適用するものではないことに留意すべきであろう。

④　高裁の判断

　本件は控訴され、札幌高裁は、固定資産評価基準第2章第1節の五で家屋の評価の例外的な方法として、「一棟の家屋について固定資産税を課することができる部分とこれを課することができない部分とがある場合その他一棟の家屋の価額を二以上の部分に区分して求める必要がある場合においては、それぞれの部分ごとに区分して価額を求めるものとも定めて」おり、当該「例外的な評価方法によることの必要性については、評価基準を運用する市町村長がその裁量をもって判断すべき」とし、そうすると、「市町村長は、一棟の家屋が複数の用途又は構造を有する場合において、一棟単位で経年減点補正率を適用することが当該市町村内の家屋の評価や課税の均衡上問題があると認めるときは、用途又は構造の異なる部分ごとに経年減点補正率を適用するなど、家屋の客観的状況に応じて、適切かつ合理的な評価方法を選択することも可能である」として、札幌市長が選択した事務所と住宅とに異なる経年減点補正率を適用する評価方法は合理的で適法であると判示した（札幌高裁平成28年9月20日判決・判自416号30頁、下線部筆者）。

　高裁で納税者が逆転敗訴となったわけであるが、本件のような区分所有建物（マンション）につき、固定資産評価基準第2章第1節の五に基づき事務所と住宅とに異なる経年減点補正率を適用する評価方法を採ることは、必ずしも妥当とはいえないものと考えられる[128]。

---

[128]　金子名誉教授は、1棟の区分所有建物のなかに、居住用部分と事務所用部分がある場合に、各部分を区分して異なる経年減点補正率を適用して評価することは、固定資産評価基準第2章第1節の五の趣旨に反していないと解するべきである、としている。金子前掲注1書714頁。

6-3 固定資産税評価審査委員会における審査の方法

（最高裁平成2年1月18日判決・民集44巻1号253頁）

6-3-1 事案の概要

　被上告人（納税者）は、第一審判決添付の物件目録記載の各土地の所有者であるが、大和郡山市長は、本件土地に対する昭和57年度（基準年度）の固定資産税の課税標準たる本件土地の価格について、同目録（一）記載の土地は166万1,400円、同目録（二）記載の土地は146万4,400円と決定して、これを固定資産課税台帳に登録し、昭和57年4月5日から同月25日までの間同台帳を関係者の縦覧に供した。

　被上告人は、同年4月30日、上告人（大和郡山市固定資産評価審査委員会）に対し台帳に登録された本件土地の価格に不服があるとして審査の申出をし、口頭審理の手続を申請し、①大和郡山市の基準宅地の評価額の上昇率は124パーセントであるのに、何故に本件土地の評価額の上昇率が153パーセントになるのか根拠を明らかにされたい、②市に対し、本件土地の評価と他の土地の評価について、比較検討できる判断資料の提示を求める、と主張した。

　上告人は、同年5月19日に本件につき口頭審理を行い、同期日においては、まず、市の税務担当者が、①本件土地の地目を宅地と認定し、同土地の価格の評価は、固定資産評価基準に基づき、そのなかの第1章第3節に定められた「その他の宅地評価法」に従って行ったこと、②本件土地が存するA地域は以前、地目が田等であったところ、昭和56年に新たに宅地造成がされ地目が宅地となったところであり、宅地としての評価は今回が初めてであること、右地域は用途区分による普通住宅地区であること、③昭和57年度の評価替えに臨みA地域の標準宅地をB町所在の土地（以下「本件標準宅地」）と定め、その評点数は、本件標準宅地と状況の類似したB町所在の別の土地（以下「C土地」）に比準し、不動産鑑定士の鑑定価格と相続税評価額及びこれらへの到達率、売買実例価格、

交通機関までの距離等の資料を基に決定したものであること、④本件標準宅地の評点数は一平方メートル当たり1万7,100点であること、⑤本件土地について、本件標準宅地に対する比準割合を1.0と定めて評点数を付し（一平方メートル当たり1万7,100点）、評点一点当たりの価格を1円としてその価格を決定したことを説明し、被上告人の前記①の主張について、A地域は昭和54年度（前基準年度）において農地等であり、今年新たに宅地と認定して状況の類似したCの土地に比準してその価格を決定したところ、結果的に153パーセントの上昇率になったものである旨を、同②の主張について、A以外の資料は出しかねる旨を答弁した。ついで、上告人は、被上告人の意見を聴取したうえ、口頭審理手続を終了させた。

　上告人は、昭和57年5月20日、口頭審理外において、A地域及び本件標準宅地の評価に当たり比準したCの土地その他状況の類似する市内5か所を実地調査し、そのあと市の税務担当者からこれら各地の売買実例、不動産鑑定士の鑑定価格、相続税評価額等及びこれらに基づく評点数付設の方法、手順等について説明を受け、その後同月26日午前、被上告人の要請により被上告人と上告人の委員らとの協議会を開催し、その席上において同月20日に実地調査を行ったことを被上告人に知らせたうえ、被上告人の意見を聴取した。なお、右協議会において、被上告人から市内各土地の評価に関する資料の提出要求があったが、上告人は他の地域の宅地の評価額は開示する必要性が認められないとし、これに応じられない旨を回答した。上告人は、同月26日午後、市の税務担当者から再度市内各地域別の前同様の事項について説明を受け、そのあと市内14か所の実地調査を行った。上告人は、右各実地調査の際、被上告人に立会いの機会を与えておらず、また、右各実地調査の結果等を口頭審理に上程する手続を取っていない。

　上告人は、5月29日に委員会を開催し、本件について被上告人の審査の申出を棄却する旨の決定をした。

　原審（大阪高裁昭和61年6月26日判決・民集44巻1号299頁）において裁判所は、上告人は、口頭審理手続を通じて、被上告人が本件土地の評価額に対する不服事由を特定するに足る合理的に必要な範囲で評価の手順、方法、特にその根

拠を明らかにさせず、また、他の納税者の宅地の評価額と比較検討するため、状況類似地域における標準宅地等合理的に必要な範囲の他の土地の評価額を明らかにする措置を講ぜず、さらに、口頭審理外で職権により収集した資料や調査の結果を口頭審理に上程しなかったのであるから、被上告人が的確な主張及び証拠を提出することを可能ならしめるような形で手続を実施しなかったものといわざるを得ず、したがって、本件口頭審理手続には判断の基礎及び手続の客観性と公正が十分に図られなかった瑕疵があり、違法たるを免れず、上告人のした本件決定は違法として取消を免れない、と判示した。

6-3-2　裁判所の判断

＜原判決破棄・差戻し＞

　地方税法が固定資産の登録価格についての不服の審査を評価、課税の主体である市町村長から独立した第三者的機関である委員会に行わせることとしているのは、中立の立場にある委員会に固定資産の評価額の適否に関する審査を行わせ、これによって固定資産の評価の客観的合理性を担保し、納税者の権利を保護するとともに、固定資産税の適正な賦課を期そうとするものであり、さらに、口頭審理の制度は、固定資産の評価額の適否につき審査申出人に主張、証拠の提出の機会を与え、委員会の判断の基礎及びその過程の客観性と公正を図ろうとする趣旨によるものであると解される。そうであってみれば、口頭審理の手続は、右制度の趣旨に沿うものでなければならないが、それはあくまでも簡易、迅速に納税者の権利救済を図ることを目的とする行政救済手続の一環をなすものであって、民事訴訟におけるような厳格な意味での口頭審理の方式が要請されていないことはいうまでもない。

　右の見地に立って、本件口頭審理手続に違法が存するかどうかについて検討する。

　まず、審査申出人に対し当該宅地の評価の根拠等を知らせる措置に関して違法が存するかどうかについてみるに、納税者は、固定資産課税台帳を閲覧してその所有に係る宅地の評価額を知り、これに不服を抱いた場合に、不服事由を

具体的に特定するために必要なその評価の手順、方法、根拠等をほとんど知ることができないのが通常である。したがって、宅地の登録価格について審査の申出があった場合には、口頭審理制度の趣旨及び公平の見地から、委員会は、自らまたは市町村長を通じて、審査申出人が不服事由を特定して主張するために必要と認められる合理的な範囲で評価の手順、方法、根拠等を知らせる措置を講ずることが要請されているものと解される。

　しかし、委員会は、審査申出人において他の納税者の宅地の評価額と対比して評価が公平であるかどうかを検討することができるように、他の状況類似地域における宅地の評価額等を了知できるような措置を講ずることまでは要請されていないものというべきである。けだし、地方税法第341条第5号によれば、固定資産税の課税標準となる固定資産の価格は、適正な時価をいうものとされているのであって、宅地の登録価格についての不服の審査は、宅地の登録価格が適正な時価を超えていないかどうかについてされるべきものである。そして、法によれば、自治大臣は固定資産評価基準を定め、これを告示しなければならず（地法388①）、市町村長は固定資産評価基準に従って固定資産の価格を決定しなければならない（地法403①）と規定され、また、固定資産評価基準によれば、市町村長は、評価の均衡を確保するため当該市町村の各地域の標準宅地のなかから一つを基準宅地として選定すべきものとされ、標準宅地の適正な時価を評定する場合においては、この基準宅地との評価の均衡及び標準宅地相互間の評価の均衡を総合的に考慮すべきものとされているのであって、法は、このように統一的な一律の評価基準によって評価を行い、かつ、所要の調整を行うことによって各市町村全体の評価の均衡を確保することとし、評価に関与する者の個人差に基づく評価の不均衡も、法及び固定資産評価基準の適正な運用によって解消することとしているものと解される。したがって、特定の宅地の評価が公平の原則に反するものであるかどうかは、当該宅地の評価が固定資産評価基準に従って適正に行われているかどうか、当該宅地の評価に当たり比準した標準宅地と基準宅地との間で評価に不均衡がないかどうかを審査し、その限度で判断されれば足りるものというべきであり、そうである以上、審査申出人が状況類似地域における他の宅地の評価額等を了知できるような措置を講ずべき手続上の要請は存し

ないと考えられるのである。原審の確定した前記事実によれば、本件の口頭審理期日において、市の税務担当者は、本件標準宅地の価格、評点数、その評価の方法及び手順の概要、本件土地の本件標準宅地に対する比準割合、評点一点当たりの価格を説明しており、また、市の基準宅地の価格は被上告人が本件審査申出前に了知していたところであって、被上告人において不服事由を特定して主張するために必要と認められる合理的な範囲の事実は明らかにされているものと認めることができる。したがって、右の点に関する上告人の措置に違法とすべき点は存しないというべきである。

次に、実地調査の結果等の取扱いに関して違法が存するかどうかについてみるに、もとより、委員会は、口頭審理を行う場合においても、口頭審理外において職権で事実の調査を行うことを妨げられるものではないところ(地法433①)、その場合にも審査申出人に立会いの機会を与えることは法律上要求されていない。また、委員会は、当該市町村の条例の定めるところによって、審査の議事及び決定に関する記録を作成し、地方税法第430条の規定によって提出させた資料または右の記録を関係者の閲覧に供しなければならないとされているのであって、審査申出人は、右資料等によって作成される事実の調査に関する記録を閲覧し、これに関する反論、証拠を提出することができるのであるから、委員会が口頭審理外で行った調査の結果や収集した資料を判断の基礎として採用し、審査の申出を棄却する場合でも、右調査の結果等を口頭審理に上程する等の手続を経ることは要しないものと解すべきである。原審の確定した前記事実によれば、本件において、上告人は、口頭審理外で行った実地調査の結果等の一部を判断の基礎として採用していることが窺われるところ、上告人は、昭和57年5月20日の実地調査後の同月26日、被上告人の要請により被上告人と上告人の委員らとの協議会を開催し、その席上において同月20日に実地調査を行ったことを被上告人に知らせたうえ、被上告人の意見を聴取したものの、右調査の結果等を口頭審理に上程していないというのであるが、このような実地調査の結果等の取扱いに何らの違法も存しないことは、右に説示したところに照らして明らかである。

6-3-3　当該裁判例の意義

　本件は平成11年度税制改正前の、固定資産評価審査委員会における審理の内容が問題となった事案である。当該改正前においては、原則として公開による口頭審理を行うべきこととなっていた（旧地法433②）。この場合、口頭審理外で行った職権調査の結果を口頭審理に上程すべきかが問題となり得るが、本件において最高裁は否定的な見解を示した。固定資産評価審査委員会は、「市町村の条例の定めるところによって、審査の議事及び決定に関する記録を作成し、法430条の規定によって提出させた資料又は右の記録を関係者の閲覧に供しなければならないとされている」のであるから、当該資料の閲覧ですべてが事足りるということなのかもしれない。しかし、口頭審理外で行った職権調査の内容に審理を左右するような重要な資料が含まれている可能性は否定できず、そうなると当該判示には疑問があるといわざるを得ない。

　上記改正後は書面審理が原則となったが（地法433②）、審査申出人から求めがあった場合には、口頭で意見を述べる機会が与えられ（地法433②但書）、必要なときは公開による口頭審理を行うことができることとされている（地法433⑥）。したがって、本件裁判例の判示は今後も問われる可能性がある。

6-4 国賠法に基づく損害賠償請求権の消滅時効が争われた事例
(浦和地裁平成4年2月24日判決・判時1429号105頁)

6-4-1 事案の概要

　地方税法においては、昭和48年に固定資産税について住宅用地の減税特例制度を新設し、翌年それを改正したことに伴い、同法第384条を改正して、「市町村長は、住宅用地の所有者に、当該市町村の条例の定めるところによって、当該年度に係る賦課期日現在における当該住宅用地について、その所在及び面積、その上に存する家屋の床面積及び用途、その上に存する住居の数その他固定資産税の賦課徴収に関し必要な事項を申告させることができる」こととなった。これを受けて被告(八潮市)は、「八潮市税条例」を改正して、その第74条の2の規定により、住宅用地の所有者に対し申告を義務付けるとともに、申告の手続と申告事項について細部の定めをした。

　そして、同条例の規定に基づき、被告市役所の事務当局では、申告書の用紙と説明書を用意し、昭和48年9月14日、住宅用地の所有者に対して郵送し、申告を促した。その後事務当局では、申告があったものについて申告書の記載内容等を調査し、要件を具備している物件については減税特例を適用して課税標準及び税額が確定した。しかし、申告がなかったものについては、改めて申告を促すとか、現地調査をするとかの措置をとることはなく、そのため要件を具備している物件であっても減税特例が適用されないものが生ずる結果となった。

　昭和49年の税制改正により減税特例の改正があった際にも、被告市役所の事務当局は、申告書を用意して昭和49年10月ころ市内のすべての家屋の所有者に対してこれを郵送し、申告を促した。そして、事務当局では、このときも、先の場合と同様、申告があったものについては減税特例を適用したが、申告がなかったものについてはそれ以上の措置は採られず、そのため要件を備えている物件であっても減税特例が適用されないものが生ずる結果となった。

こうして、10年以上を経過した昭和61年10月28・29日の両日、埼玉県による被告に対する行財政診断が実施され、その事務調査の過程で、減税特例を適用するのに必要な要件を具備しているのに、適用していない物件があることが発見され、被告は、埼玉県から「個別診断」報告書のなかで、実情調査のうえ、適切な処理を行う必要があることを指摘された。そこで、課税対象物件について全面的に実情調査をした結果、減税特例を適用するのに必要な要件を具備しているのに適用していない物件が多数あることが判明し、被告はこれに基づいて、昭和58年以降の分については、減税特例を適用すれば過納となる税額に相当する金員をそれぞれの納税者に支払ったが、それ以前の分については、地方税法第17条の5（更正、決定等の期間制限）、第18条の3（還付金の消滅時効）の各規定との関係で支払の法的根拠を見出しがたく、支払をしなかった。

　原告ら所有の各土地はいずれも当該減税特例が適用されるものであったが、被告の執行機関である市長は原告ら所有の各土地について減税特例を適用しないで固定資産税の賦課決定をし、原告らはそれに従って納税した。その結果、原告らは、昭和48年度から同57年度までの間に、減税特例が適用された場合よりも多い額の納税をした。

　そこで、原告らは、上記期間の返還されなかった部分について、国家賠償法第1条第1項に基づきこれに相当する損害の賠償を求めたものである。

6-4-2　裁判所の判断

＜納税者勝訴・確定＞

　被告の市長が原告らに対してした固定資産税の賦課決定は、減税特例を適用するのに必要な要件を具備しているのに、これを適用しなかったという点で、地方税法第349条の3の2第1項または第2項に違反し瑕疵のあるものではあるが、その瑕疵は、課税手続上、特例措置の適用を看過したというものであって、課税要件の根幹にかかわる事由に関するものではないから、重大なものとはいえず、固定資産税の賦課決定を当然に無効と解することはできない。しかしながら、固定資産税の賦課決定は、市町村長の納税義務者に対する納税通知書

の交付によってされるのであって、納税義務者からの申告によるものではないのであり、同法第384条第1項本文が、市町村長は、住宅用地の所有者に対して、当該市町村の条例の定めるところに従い、土地の所在及び面積等、固定資産税の賦課に関し必要な事項を申告させることができるとしたのは、納税義務者に対して申告義務を課することにより課税当局において減税特例の要件に該当する事実の把握を容易にしようとしただけのものであって、当該申告がないからといって、減税特例を適用しないとすることが許されるものでない。それにもかかわらず、被告の市長が右申告をしなかった原告らを含む納税義務者に対して、他に調査のための何らの手段を講ずることもなく、減税特例を適用しないで固定資産税の賦課決定をしたのは甚だ軽率という他なく、市長が右固定資産税の賦課決定をしたことには過失があり、これが租税法規に違反してされた点で違法性を有するものであることは多言を要しない。

　被告は、違法な租税の賦課処分は、専ら行政不服審査上の異議申立または審査請求、及びこれに続く取消訴訟の提起等によって是正されるべきであると主張するが、これは専ら租税の賦課処分の効力を争うものであるのに対して、租税の賦課処分が違法であることを理由とする国家賠償請求は租税の賦課処分の効力を問うのとは別に、違法な租税の賦課処分によって被った損害の回復を図ろうとするものであって、両者はその制度の趣旨・目的を異にし、租税の賦課処分に関することだからといって、その要件を具備する限り国家賠償請求が許されないと解すべき理由はない。特に、本件においては、原告らは、昭和63年2月14日の新聞報道によってはじめて被告の市長が原告らに対してした固定資産税の賦課決定が違法であることを知ったものであることは弁論の全趣旨に照らして明らかであり、この時点においては、申立期間の経過等のため右前者の手段に訴える途は閉ざされていたわけであるから、なおさらのことである。

　したがって、原告らは、被告の市長がした固定資産税の賦課決定により法定の納税義務の限度を超えた納税をし、その超過部分に相当する損害を被ったわけであるから、被告は原告らに対しこれを賠償すべきである。なお、右損害が発生したことについては、原告らにも所定の申告をしなかった点で一半の責任があることは否定できないが、固定資産税については賦課課税方式がとられているこ

とや右申告が課税当局の便宜のために設けられた手続であること等、諸般の事情に照らすと、原告らの右申告義務の懈怠を損害額を算定するうえで斟酌するのは相当でない。

6-4-3　当該裁判例の意義

　当該裁判例は、納税者から住宅用地の特例の申告がない場合において、それがないことを理由に減税特例の適用をせずに賦課決定処分を行った市役所の当該処分が違法であるとされ、国家賠償請求が認められた事案である。

　本件で国家賠償が認められた理由として、固定資産税が賦課課税制度を採用しているということは、「被告の市長が右申告をしなかった原告らを含む納税義務者に対して、ほかに調査のための何らの手段を講ずることもなく、減税特例を適用しないで固定資産税の賦課決定をしたのは甚だ軽率というほかなく、市長が右固定資産税の賦課決定をしたことには過失があり、これが租税法規に違反してされた点で違法性を有するものであることは多言を要しない」という判示からも、窺えるところである。申告納税制度においては、納税者が特例の適用を受けるため申告書（ないしその附表）を提出するのは当然の前提であり、その提出がない場合宥恕規定がない限り適用は認められない。一方、賦課課税制度においては、本件のように特例適用のために納税者から必要な情報の申告を求める規定が存在するが、その提出がないからといって直ちに適用が認められないというものではないということが、本件で確認できたといえよう。

　ただし、今後の制度設計としては、固定資産税の申告納税制度化ということも検討に値するように思われる。

索 引

【あ 行】

閲覧　77
応益税　6
応能税　6
奥行価格補正率表　111

【か 行】

街路　120
家屋　13, 204
画地計算法　36, 108, 189, 191
画地単位　109
画地調整　108
課税客体　7
課税標準　10
課税物件　7
課税明細書　95
基幹税　4
基準地価　47
客観的な交換価値　173
居住用家屋　177
居住用超高層建築物　84
区分所有建物　255
経年減点補正率　122, 234, 254
建築設備　41
公示地価　47
口頭審理手続　260
国家賠償請求　247, 267
国家賠償請求訴訟　136
固定資産課税台帳　43
固定資産課税台帳登録事項証明書　44
固定資産税評価額　31, 47, 100
固定資産評価員　28
固定資産評価基準　29, 141
固定資産評価審査委員会　96

【さ 行】

再建築価格　43
再建築価格方式　43, 106, 122, 212, 229
再建築費評点数　218
財産税　6
サブリース問題　105
時価　138
市街地宅地評価法　35, 107
時価評価方式　143
敷地の用に供されている土地　177
事業　56
事業の用に供する　56
市町村民税　2
借家権割合　102
収益還元法　146
収益還元方式　231
収益税　7
収益税的財産税　7
住宅用地　36, 64, 181
住宅用地の特例　178
縦覧　76
少額償却資産　14
小規模住宅用地　38, 64, 183
償却資産　14
償却資産税　22
書面審理　263
所有者課税主義　8, 238
所要の補正　108, 113
申告納税方式　19, 72
審査請求　68, 134
審査請求前置主義　132
審査の申出　66, 133
審査申出制度　96
人的非課税　61

268

真の所有者負担説　　　171
精算金　　　153
税率　　　11
専用住宅　　　36
総則6項　　　82
租税法律主義　　　142
その他の住宅用地　　　64
その他の宅地評価法　　　36
損耗減点補正率　　　122

【た　行】

台帳課税主義　　　8, 171, 209
宅地並課税　　　160
タワーマンション　　　79
中高層耐火建築物　　　46
超過税率　　　11
通常の取引価額　　　139
通知等による補正　　　112
月割償却　　　241
適正な時価　　　44, 156, 212, 224
登記名義人　　　169
特定附帯設備　　　238
特別の事情　　　226, 234
都市計画事業　　　62
都市計画税　　　59, 128
土地　　　13
土地区画整理事業　　　62
取引事例比較法　　　146

【な　行】

7割評価　　　140
二重路線価　　　116
認定長期優良住宅　　　46
納税義務者　　　8

【は　行】

倍率　　　100
半年償却法　　　240
比準価格　　　44
筆単位　　　109
評価単位　　　109

標準税率　　　11
標準宅地　　　35
標準地比準方式　　　35
賦課課税方式　　　19, 73
不整形地補正　　　111
附帯設備　　　238
普通税　　　2
物的非課税　　　61, 167
不動産取得税　　　127, 128
併用住宅　　　37
補正率　　　111

【ま　行】

未経過固定資産税額　　　154
未経過償却資産税精算額　　　17
無形減価償却資産　　　53
蒸し返し　　　216, 223
免税点　　　11
免税点制度　　　20

【ら　行】

路線価　　　47, 49, 115
路線価図　　　49

判例索引

最判昭30・3・23民集9巻3号336頁　*208*
最判昭36・4・21民集15巻4号850頁　*246*
最判昭36・11・21民集15巻10号2507頁　*154*
最判昭39・9・8裁判集民事75号181頁　*237*
東京地判昭46・2・18民集26巻1号7頁　*169*
東京高判昭46・5・21民集26巻1号15頁　*169*
最判昭所昭46・6・24民集25巻4号574頁　*252*
最判昭47・1・25民集26巻1号1頁
　153，*169*，*207*，*208*
最判昭55・1・22裁判集民事129号53頁　*161*
福岡地判昭56・4・23行裁例集32巻4号616頁
　9
宇都宮地判昭56・10・15行裁例集32巻10号1827頁　*202*
福岡地判昭57・3・30シュト254号17頁等　*239*
東京高判昭57・11・30行裁例集33巻11号2383頁　*203*
福岡高判昭58・3・23シュト254号29頁等　*239*
最判昭59・12・7民集38巻12号1287頁　*202*
大阪高判昭61・6・26民集44巻1号299頁　*259*
最判昭61・12・11判時1225号58頁　*30*
最判平2・1・18民集44巻1号253頁
　133，*258*
最判平3・7・9民集45巻6号1049頁　*252*
浦和地判平4・2・24判時1429号105頁
　74，*137*，*264*
東京地判平4・3・11判時1416号73頁　*83*
東京高判平5・1・26税資194号75頁　*83*
最判平5・10・28税資199号670頁　*83*
最判平6・12・20民集48巻8号1676頁　*165*
広島高判平8・2・13判自156号48頁　*137*
仙台高判平9・10・29判時1656号62頁　*65*
大阪地判平11・2・26訴月47巻5号977頁　*141*
札幌高判平11・6・16判自199号46頁　*210*
東京高判平11・8・30税資244号400頁　*148*

大阪高判平13・2・2訟月48巻8号1859頁
　141
最判平13・3・28民集55巻2号611頁　*160*
東京高判平13・4・17判時1744号69頁　*144*
国税不服審判所裁決平14・8・29裁事64集152頁　*17*
名古屋地判平14・9・27TAINS Z999-8059
　148
東京高判平14・10・29判時1801号60頁
　146，*172*
静岡地判平15・5・29判例集未搭載　*144*
最判平15・6・26判時1830号29頁　*30*
最判平15・6・26民集57巻6号723頁
　7，*143*，*147*，*156*，*173*，*190*
最判平15・7・18判時1839号96頁
　195，*196*，*210*，*227*，*230*
最判平15・6・26民集57巻6号723頁　*233*
最判平16・1・15民集58巻1号226頁　*252*
東京高判平16・1・22判時1851号113頁　*224*
仙台地判平16・3・31裁判所ホームページ等
　232
名古屋地判平17・1・27判タ1234号99頁等
　228
最判判所平17・9・14民集59巻7号2087頁
　251
最判平18・7・7判タ1224号217頁　*147*
最判平18・7・7判時1949号23頁　*172*
東京地判平19・3・23TAINS Z999-8182　*236*
佐賀地判平19・7・27判自308号65頁　*149*
東京高判平19・8・29TAINS Z999-8173　*236*
最判判所平19・11・1民集61巻8号2733頁
　251
名古屋地判平20・7・9民集64巻4号1055頁等
　245

名古屋高判平21・3・13民集64巻4号1097頁等　*246*

最判平21・6・5裁判集民事231号57頁
　195，196

最決平21・10・2 TAINS Z888-1470　*256*

最判平22・6・3民集64巻4号1010頁　*244*

東京地判平22・9・10民集67巻6号1292頁
　194

高松地判平22・10・25TAINS Z999-8290　*188*

国税不服審判所裁決平23・7・1 TAINS F0-3-326　*83*

東京高判平23・10・20民集67巻6号1304頁
　194

高松高判平23・12・20TAINS Z999-8291　*188*

東京地判平23・12・20判時2148号9頁　*218*

さいたま地判平24・1・25民集68巻7号757頁等　*207*

東京地判平24・1・25判タ1387号171頁　*30*

東京高判平24・9・20民集68巻7号764頁等
　207

東京高判平25・4・16裁判所ホームページ等
　221

最決平25・7・5 TAINS Z999-8320　*188*

最判平25・7・12民集67巻6号1255頁　*193*

東京高判平26・3・27TAINS Z999-8329　*198*

最判平26・9・25裁時1612号4頁等　*206*

福岡高判平26・12・1判自396号23頁　*167*

東京地判平27・1・14裁判所ホームページ
　213

東京高判平27・9・24裁判所ホームページ
　213

長崎地判平27・10・15TAINS Z888-1948
　152

札幌地判平28・1・28判自416号30頁等
　124，185，248

福岡高判平28・3・25TAINS Z888-1991
　152，175

札幌高判平28・9・20判自416号24頁　*124*

札幌高判平28・9・20判自416号30頁　*257*

東京地判平28・11・30TAINS Z999-8376　*180*

■著者紹介

安部 和彦（あんべ かずひこ）

税理士。和彩総合事務所代表社員。国際医療福祉大学大学院准教授。
東京大学卒業後、平成2年、国税庁入庁。調査査察部調査課、名古屋国税局調査部、関東信越国税局資産税課、国税庁資産税課勤務を経て、外資系会計事務所へ移り、平成18年に安部和彦税理士事務所・和彩総合事務所を開設、現在に至る。
医師・歯科医師向け税務アドバイス、相続税を含む資産税業務及び国際税務を主たる業務分野としている。
平成23年4月、国際医療福祉大学大学院医療経営管理分野准教授に就任。
平成26年9月、一橋大学大学院国際企業戦略研究科経営法務専攻博士後期課程単位修得退学
平成27年3月、博士（経営法）一橋大学

【主要著書】

『税務調査の指摘事例からみる法人税・所得税・消費税の売上をめぐる税務』（2011年・清文社）
『[新版] 税務調査と質問検査権の法知識Q&A』（2012年・清文社）
『医療・福祉施設における消費税の実務』（2012年・清文社）
『修正申告と更正の請求の対応と実務』（2013年・清文社）
『消費税[個別対応方式・一括比例配分方式]有利選択の実務』（2013年・清文社）
『国際課税における税務調査対策Q＆A』（2014年・清文社）
『Q&A医療法人の事業承継ハンドブック』（2015年・清文社）
『Q&Aでわかる消費税軽減税率のポイント』（2016年・清文社）
『要点スッキリ解説固定資産税』（2016年・清文社）
『新版 税務調査事例からみる役員給与の実務Q&A』（2016年・清文社）
『Q&A 相続税の申告・調査・手続相談事例集』（2011年・税務経理協会）
『事例でわかる病医院の税務・経営Q＆A（第2版)』（2012年・税務経理協会）
『医療現場で知っておきたい税法の基礎知識』（2012年・税務経理協会）
『消費税の税務調査対策ケーススタディ』（2013年・中央経済社）
『相続税調査であわてない不動産評価の税務』（2015年・中央経済社）
『相続税調査であわてない「名義」財産の税務（第2版）』（2017年・中央経済社）
『消費税の税率構造と仕入税額控除』（2015年・白桃書房）

【主要論文】

「わが国企業の海外事業展開とタックスヘイブン対策税制について」（『国際税務』2001年12月号）
「タックスヘイブン対策税制の適用範囲－キャドバリー・シュウェップス事件の欧州裁判所判決等を手がかりにして－」『税務弘報』（2007年10月号） など。

【ホームページ】

http://homepage2.nifty.com/wasai-consultants/index.html

最新判例でつかむ 固定資産税の実務

2017年10月5日 発行

著　者　　安部 和彦 ⓒ

発行者　　小泉 定裕

発行所　　株式会社 清文社
　　　　　東京都千代田区内神田1-6-6（MIFビル）
　　　　　〒101-0047　電話 03(6273)7946　FAX 03(3518)0299
　　　　　大阪市北区天神橋2丁目北2-6（大和南森町ビル）
　　　　　〒530-0041　電話 06(6135)4050　FAX 06(6135)4059
　　　　　URL http://www.skattsei.co.jp/

印刷：大村印刷㈱

■著作権法により無断複写複製は禁止されています。落丁本・乱丁本はお取り替えします。
■本書の内容に関するお問い合わせは編集部までFAX（03-3518-8864）でお願いします。
■本書の追録情報等は、当社ホームページ（http://www.skattsei.co.jp/）をご覧ください。

ISBN978-4-433-63727-9